Renaud, deux vies

Le retour gagnant

Éditions Favre SA
Siège social
29, rue de Bourg – CH-1002 Lausanne
Tél.: 021/312 17 17 – Fax: 021/320 50 59
edfavre@span.ch

Bureau de Paris
12, rue Duguay-Trouin – F-75006 Paris
Tél.: 01 42 22 01 90
edfavre@noos.fr

Dépôt légal en Suisse en décembre 2002

Pour une partie, ce livre reprend le texte et l'encart illustré du précédent ouvrage de Régis Lefèvre: Renaud, *Dès que le vent soufflera,* dont les photos étaient signées par: David Séchan, Olivier Séchan, Jean-Pierre Afonso (copyright Mino Music), Jean-Luc Grandvallet.

Photo de couverture: Alain Duplantier
Couverture: MGraphic, Jean-Paul Piantanida
Mise en pages: MGraphic, Marie-Hélène Marquis

ISBN: 2-8289-0718-X

Imprimé en France par BRODARD ET TAUPIN
N° d'impression : 16803

Régis Lefèvre

Renaud, deux vies

Le retour gagnant

FAVRE

« À mon père, qui, du fond de sa nuit,
continue à veiller sur moi. »

Introduction

Renaud, cinquante ans et tout son talent. À ceux qui le croyaient mort, l'ex- « chanteur énervant » prouve – désolé pour le grand Georges – que non, décidément, Brassens ne sera pas le seul poète éternel. Dans la première version de ce livre, sortie en septembre 1985, intitulée « Renaud, dès que le vent soufflera », et vendue à quelque 100 000 exemplaires, nous avions laissé l'artiste, « parolier de génie et compositeur d'instinct », au sommet de sa gloire. Rien, alors, ne lui résistait : tournées triomphales, soirées parisiennes inoubliables, ventes de disques atteignant les sommets. Le personnage était adulé, très jeune encore – à peine plus de trente ans –, bien dans ses bottes, à l'aise dans toutes les situations. En ce temps-là, Renaud avait déjà un passé, un acquis. Une jeunesse au milieu d'une famille nombreuse, d'un père professeur et d'une mère d'origine ouvrière. À la porte d'Orléans, près de Montrouge, tout près de la banlieue, qu'il chantera si bien, avec une gouaille qui ne ressemble à aucune autre. Un décor planté pour, qu'une à une, ses chansons prennent des allures de réquisitoires, d'implacables reflets d'une société perdue à des années-lumière – déjà – de mai 1968. C'est pourquoi nous allons étudier la vie de l'artiste à travers les textes de ses chansons qui, toutes, racontent les épisodes d'une existence menée entre pieds d'immeubles et boums de lycéens. Mais les premiers chapitres de ce nouvel opus seront en rapport direct avec l'actualité du chanteur. Une actualité faite de douleur, de brûlures, d'abandon, puis de renaissance, de retour vers la gloire effacée.

Les dernières années de la vie de Renaud ont coïncidé avec une lente descente vers l'enfer, peuplée d'alcool, d'anxiolytiques et aussi, – et surtout – d'une séparation d'avec son épouse Dominique. Un dénouement pour le moins inattendu et pour tout dire impossible à imaginer, du temps où rien ne semblait pouvoir altérer la bonne marche de ce couple parfait, de cette union vieille de deux décennies. Que les amateurs d'informations « people » ne crient pas trop vite victoire : il ne s'agit pas, ici, d'empiéter sur les jardins secrets du chanteur. Mais il semble toutefois impossible d'occulter ce passage éminemment important de son existence, et ce pour deux raisons. D'abord parce que Renaud, y compris dans ses interviews les plus récentes, n'a jamais caché ce triste épisode. Il l'a même d'une certaine façon revendiqué, comme pour exorciser un malheur devenu inévitable au fil du temps. Et aussi parce que cette séparation est en quelque sorte le ciment de son retour au premier plan. Le point fort de sa renaissance est incontestablement la sortie, le 28 mai 2002, de l'album « Boucan d'enfer » qui, justement, est consacré en grande partie à ce désespoir amoureux. Dans ce disque, incontestable réussite, salué par la critique et vendu à plus de cinq cent mille exemplaires en quelques jours à peine, pour dépasser le cap du million cinq cent mille à la fin de l'été, pas moins de sept chansons sur quatorze, font directement allusion à ce divorce, à cette cassure brutale. Difficile, dans ces conditions, de laisser de côté ce pan déterminant d'une vie, dont le présent – et sans doute l'avenir de l'artiste – dépend en grande partie. Mais il ne faudra pas pour autant manquer de rappeler que le passé flamboyant de Renaud a marqué la chanson française d'une empreinte indélébile. Et il conviendra de revenir sur les vingt premières années d'une carrière atypique, qui verra cette réincarnation de Gavroche, ce titi parisien qui sent si bon la tour Eiffel et les pavés des vieilles rues, se muer en un chanteur adoré des foules, que tout un chacun aurait aimé avoir pour grand frère, pour gendre, ou pour ami. Et pour cela, retrouver, un à un, les thèmes qui sont chers à son œuvre : la rue, la banlieue, les bistrots, la politique, la famille, mais aussi ses confrères chanteurs, sa passion aujourd'hui éteinte pour

les voyages au grand large, celle aussi pour la pêche à la ligne et pour le football. Sans oublier ses quelques prestations sur le grand écran, dont la plus remarquée, la plus flamboyante : celle du Lantier de *Germinal*, le film de Claude Berri, d'après l'illustrissime roman d'Emile Zola, portée à l'écran en 1993. Il faudra aussi s'atteler à une tâche des plus complexe : raconter Renaud sur scène. Décrire l'ambiance si particulière qui règne pendant ses prestations, scruter parmi le public l'œil adorateur et parfois critique de spectateurs qui se régénèrent, se renouvellent sans cesse, alors que le temps avance. Nous avons jeté notre dévolu sur une soirée en Haute-Savoie, au bord du lac Léman, plus précisément à Thonon-les-Bains, où Renaud a chanté en juillet 2000. En pleine tournée « Un piano, une guitare… et Renaud » où, la voix déformée à l'extrême et les traits fatigués par la crise morale qu'il traversait alors, le chanteur est parvenu, tout de même, à charmer le public de deux cents salles de province. Une soirée à Thonon, donc, qui a suivi de deux mois une autre prestation, à Cluses, ville située à 60 kilomètres de distance à peine, où Renaud a déclaré, en fin de soirée, avoir donné là le plus mauvais des concerts de ses vingt-cinq ans de carrière, tant certaines réactions du public l'avaient alors irrité, dérouté, au point de l'amener à ne plus s'adresser à lui entre deux chansons, comme il aime tant à le faire depuis ses débuts.
Voici donné le ton de cet ouvrage. Renaud, à cinquante ans passés, entame une seconde vie, une seconde carrière aussi. Ses fans de la première heure, ceux également qui ont accroché le bon wagon au fil des ans et des nouveaux albums, l'attendent de pied ferme. Ils ont d'ores et déjà pour lui le regard tendre qui est dû à ce grand troubadour des temps modernes. Mais ils seront intransigeants quant à la qualité de ses prestations scéniques, à celle d'une voix dont on attend aujourd'hui la renaissance totale. Sous peine de devoir à nouveau plonger dans des ténèbres d'où, cette fois, il aurait grand peine à s'échapper. Mais nul doute qu'avec *Boucan d'enfer*, un titre pourtant triste à mourir, Renaud

est reparti vers les sommets. Il n'a rien perdu de son verbe, il est toujours cet inimitable magicien des mots, ce poète singulier et réaliste qui, depuis le milieu des années soixante-dix, surprend, déroute, irrite ou déclenche le délire des foules. Laissons-nous porter par la vague du renouveau, par ce retour gagnant, cette fracassante nouvelle entrée dans un monde qu'il avait laissé tomber, qu'il avait abandonné, avant d'y resurgir pour reprendre la place qui lui est due…

«Y'a bien pire que mourir»

Période noire. Gouffre – apparemment – sans fond. Guigne totale, misère absolue. Où les mots divorce, suicide, affaissement ou enfer se chevauchent, s'entrecroisent, sont évoqués, redoutés, puis parfois rejetés. Et viennent finalement s'entrechoquer au beau milieu d'une existence qui, pourtant, avait tout pour durer, éternellement, comme la blondeur d'une tignasse de titi, comme un rayon de soleil sur le Sahara. Renaud enfoncé, défoncé souvent, au pied du mur, plus bas que terre, perdu dans un ramassis de paradis même plus assez artificiels pour le sauver. Là où personne n'oserait s'aventurer sans s'avouer que jamais, au grand jamais, n'existera un jour un quelconque espoir de retour. Tout ça parce qu'à quarante-cinq ans, au sortir d'une grande tournée, longue de deux ans, et passant par l'Olympia, Renaud se sent comme happé, comme avalé par la vie. Par sa vie, celle dont avait fait sienne son public d'éternels adorateurs. Le chanteur se sent vieillir. Il constate amèrement que sa fille Lolita – l'égérie absolue de ses disques versions années 1980 n'est plus un bébé. Même plus une enfant. Qu'elle devient une femme. Triste descente vers une «crise de moitié de vie», où, la quarantaine amplement dépassée, on se laisse aller parfois à un désespoir indicible. Des enfants qui vous échappent; qui quittent leur berceau, pour n'y plus jamais revenir; qui s'affirment, tentent d'exister pour eux-mêmes, et vous laissent quelque peu sur le chemin. S'ensuit alors une inévitable peur de tout perdre, de tout avoir vécu, de ne plus jamais pouvoir effectuer le chemin à l'envers, de manquer d'essence. Ce que j'appellerai la «psychose de la mousse au chocolat» quand, au mitan d'une vie bien remplie, faite de joies multiples, tout vous semble écœurant. Goûtez la mousse au chocolat : c'est délicieux, non ? Prenez-en à forte dose, chaque jour, sans cesse ; et sentez comme, tout à coup, elle peut vous sembler mauvaise, ignoble, repoussante ; comme semble l'être la vie pour Renaud. Pour d'autres quadragénaires aussi. Avec l'inévitable ronde des tourments : tendance à s'adonner à l'alcool, se « soigner » à coups de pilules qui rassurent, à grand renfort de tranquillisants qui vous ôtent la peur. Puis s'ensuivent les désaccords conjugaux. Et parfois, cas extrême, comme celui qui concerne l'artiste, la séparation, la fin d'un rêve pourtant parti pour durer. Renaud sans Dominique. Dominique sans Renaud. Une équation à deux inconnues, totalement insoluble. Et la fin de vingt-deux années d'amour absolu, d'union sans faille. De tout cela, Renaud s'ouvrira dans la presse. Au printemps 2002, alors que sort l'album *Boucan d'enfer*, interviews et articles pleuvent. Renaud s'y confie, s'y confesse. S'y laisse aller parfois jusqu'aux confins de l'impudeur. Dans le *Dauphiné Libéré*, il déclare, répond au journaliste qui évoque « la Closerie des Lilas », le bistrot parisien où il a établi son siège de désespoir, et où il a étanché pendant de longs mois sa soif à coups de « Ricard à 45 balles » : « J'ai toujours vécu dans les bistrots. J'ai du mal à m'en sortir. Quand je m'en échappais, c'était pour aller en clinique de désintoxication, après plusieurs tentatives infructueuses de décrocher de la bibine. » Sur le site web « 24 heures.ch », émanant de Suisse, il en remet : « La douleur, c'est dur à gérer. On est mal physiquement, et plus on l'est, plus on est mal dans sa tête, plus on a envie de s'évader de cette souffrance. Alors on picole. Et plus on picole, plus on est mal physiquement. Ainsi de suite. » Pour le même site, il ajoute, détaillant le programme de ses tristes journées d'alors : « Un litre de pastis par jour, sans compter les bières. Vers midi, j'attaquais à l'anisette au saut du lit, puis je rejoignais le café, descendais deux ou trois petits noirs que j'allais vomir. Je remontais alors à ma table et me remettais au pastis jusqu'à très très tard dans la nuit. » Hallucinant. Pire encore, dans le magazine *Entrevue*, Renaud raconte : « Je me soignais avec des médicaments à la con : antidépresseurs, anxiolytiques, ajoutés au pastis, mon poison préféré, cela produisait des effets assez désastreux sur mon mental et mon physique. J'avais des troubles neurologiques, un foie bien amoché. Puis j'ai passé huit jours dans une clinique psychiatrique où j'avais mes habitudes. J'en suis sorti triste buveur d'eau. Et je tiens bon depuis. C'est difficile. L'alcool, c'est une drogue dure. » Ou encore : « C'était une vieille souffrance que je traînais depuis longtemps et qui a commencé à se manifester autour de quarante-cinq ans : mélancolie, nostalgie de mon enfance. Et puis, j'ai tout perdu : ma vie de couple, ma vie de famille. Aujourd'hui, je considère qu'il n'y a pas eu rupture, mais séparation. On vit notre histoire d'amour de manière différente. Dominique est l'être que j'aime le plus au monde, avec mon enfant et mes très proches parents. Et je crois qu'elle m'aime toujours autant. Partir a été une souffrance pour elle aussi. Mais il fallait qu'elle sauve sa peau de mes folies, de mon désespoir chronique, de mes paranoïas, de mon hypocondrie, de ma peur de la vie et de la mort. Elle a toujours été là, elle l'est encore. C'est la femme la plus droite que je connaisse... » Dans les colonnes des journaux, Renaud répand son mal- être. Il évoque sans retenue apparente cette période la plus déchirante de sa vie. Ainsi le fait-il aussi au *Matin*, un journal Suisse romand : « Après ma tournée acoustique, la vie m'a foutu une sacrée claque. Mon amour s'est fait la belle. (...) On a même annoncé ma mort ! Quand je me suis retrouvé seul, j'ai replongé dans la dépression. Je suis allé dans mon bistrot, avec des potes. J'y ai trouvé une nouvelle amie, la boisson jaune. Mais je dois dire que ces rumeurs, comme un dandy, je les ai entretenues. Je me montrais dans un bistrot mondain de Montparnasse, à Paris, alors que rien ne m'y obligeait », ajoutant, résolument défaitiste : « Aujourd'hui, si je crois toujours à l'amour, je ne me fais plus aucune illusion sur le couple. » Encore pire, dans le magazine *Elle*, Renaud s'abandonne : « J'ai été victime de crises de paranoïa. J'avais peur d'un complot. J'étais persuadé qu'on me voulait du mal, qu'on m'espionnait, que mon téléphone était sur écoute. Je comprends Karen Mulder quand elle évoque les moments difficiles qu'elle a traversés, les micros espions placés sur ses fenêtres. Se sentir persécuté est horrible... » Où peut-on reconnaître, ici, l'intraitable auteur de chansons aussi résolument déterminées qu'*Hexagone*, ou *Où c'est que j'ai mis mon flingue* ? Et pourtant, il a donné ces interviews alors qu'il se disait sorti de sa crise. Qu'en serait-il advenu si cela avait été le cas lorsqu'il se trouvait au plus profond de l'abîme ? Nul ne le sait, nul ne veut le savoir...

Et pourtant, il est une rumeur qu'il faut casser, briser sans retenue. Dans leur emportement, la plupart des journalistes ont affirmé que Renaud n'avait rien fait, rien produit, rien chanté, entre les deux albums : *la belle de mai*, sorti en 1994, et *Boucan d'enfer*, publié en 2002. Trop souvent ont fleuri des phrases du type : « Renaud sort d'une longue absence », « Il avait disparu de l'affiche », « Mais qu'était-il devenu ? ». Il suffit de jeter un coup d'œil sur le fil de sa carrière, de se saisir d'une loupe et d'observer de façon très précise son emploi du temps d'alors, certes chaotique, mais tout de même fort actif. Car, à y bien regarder, Renaud ne s'est jamais vraiment arrêté entre-temps. Sa crise, il l'a même traversée en partie pendant sa tournée acoustique. Une tournée à laquelle l'a incité Jean-Pierre Bucolo, fidèle compagnon de toujours, compositeur de plusieurs de ses musiques, déjà à l'époque de l'album flamboyant *Mistral gagnant*, mais aussi dans *Boucan d'enfer*. Une tournée thérapeutique, en quelque sorte, destinée à détourner l'artiste de sa grave dépression, de l'emmener voir en province ce que les fans pouvaient encore lui apporter, et ce que lui avait encore dans le cœur, dans les tripes aussi. Une tournée prévue pour ne durer que quelques jours, et qui s'est étalée sur dix-sept mois et quelque deux cents concerts. Mais nous allons y revenir...

La « disparition » de Renaud semble donc remonter à 1994, quand sort *A la belle de mai*. Un disque rebelle, comme on n'en espérait plus. Un opus où l'artiste réactive ses thèmes préférés.

Il y attaque la police à travers un féroce – mais tendre parfois – *Willy Brouillard*, se rue sur Bernard Tapie dans *A la belle de mai*, où l'ancien ministre de François Mitterrand et président de l'Olympique de Marseille reçoit une volée de bois vert particulièrement soignée. Au passage, Renaud égratigne le système d'éducation en vigueur en France, dans *C'est quand qu'on va où ?* mais aussi la religion dans *Le sirop de la rue*, *Lolito Lolita* et *Son bleu*. « Où c'est que t'as vu un bon Dieu ? », dit-il même dans cette dernière chanson, qu'il dédiera, sur scène, à la classe ouvrière, même si « aujourd'hui, ça fait un peu désuet ». Les dealers internationaux en prennent pour leur grade dans *Adios Zapata* !, interprété sur un emballant rythme latino, tandis que Renaud se laisse aller à la tendresse dans *Le petit chat est mort* et dans *Mon amoureux*, où il laisse la parole à sa fille Lolita. Bref, un CD qui ne passe pas inaperçu, qui renvoie Renaud à son image première, au temps où il tirait sans vergogne sur tout ce qui bougeait ou portait uniforme. Renaud serait-il mort à ce moment-là ? Aurait-il cessé d'exister pour autant ? Bien sûr que non, comme nous le prouvent les mois et les années qui suivent. Car, en 1995, il entame une tournée, dédiée à Che Guevara, portant même un tee-shirt arborant l'inscription « Che ma tournée » ! Une tournée qui commence brillamment par un passage de trois semaines dans la salle parisienne mythique de la Mutualité, récemment rénovée, et qui, par ses allures post-soixante-huitardes, recadre le chanteur dans l'environnement qui lui est cher : celui de la protestation. Première inquiétude toutefois : l'interprétation de *la Ballade de Willy Brouillard* révèle une voix qui commence à flancher. Quand il chantera son titre, toujours en ouverture du concert, lors de la tournée acoustique, quatre ans plus tard, celle-ci se sera encore considérablement dégradée. Une cassette vidéo (le DVD, hélas ! n'était pas encore inventé, ou était encore trop peu courant) du concert à la Mutualité paraît quelques mois plus tard : elle s'arrache comme des petits pains, et le concert est diffusé à la télévision. Mais ce n'est pas fini : Paris n'est qu'une mise en bouche, comme toujours. Entre mai 1995 et mai 1997, Renaud visite la France, donnant près de 130 concerts. En point d'orgue, il s'offre l'Olympia, en décembre 1996, alors que le royaume du music-hall parisien s'apprête à être démoli pour renaître de ses cendres, quelques mètres plus loin. C'est un triomphe. J'assiste à la première. Renaud y est serein, la voix est revenue à un meilleur niveau. Le public l'acclame, lui réserve une standing ovation pour le raccompagner dans sa loge. Quinze ans après « Un Olympia pour moi tout seul », et quatre ans après un passage remarqué dans la plus intimiste salle du Casino de Paris, Renaud y offre une de ses meilleures prestations parisiennes. Le chanteur suisse Sarclo assure une première partie de toute première qualité, laissant ensuite le micro à celui qu'il considère comme « le plus grand artiste de la chanson française ». Pendant sa tournée, Renaud s'offre même le luxe de voyages à l'étranger. Il se produit ainsi en Belgique (Bruxelles), en Suisse (Lausanne), en Allemagne (Berlin et Hambourg) et même en Irlande (Dublin), où son album *Marchand de cailloux*, sorti en 1991, a laissé des traces, *la Ballade irlandaise* y ayant été considérée comme un titre culte. Comme pour bien affirmer qu'il n'est nullement question de déclin, comme on le prétend encore aujourd'hui, Renaud choisit de s'octroyer un cadeau d'anniversaire. 1975-1995. Vingt ans de chanson. Pour fêter l'événement comme il se doit, il se fait un petit plaisir. Et l'offre au public. Il publie un album baptisé *Renaud chante Brassens*. Comme son titre l'indique, ce disque est dédié au « poète éternel », celui qui a éclairé sa jeunesse, celui qui reste son maître, celui pour qui son père, Olivier, nourrit depuis toujours une admiration absolue. Déjà, il en interprète plusieurs titres à la Mutualité, histoire de lancer l'événement. Rares sont ceux qui ont osé reprendre une série de titres du grand Brassens. Maxime Le Forestier, bien sur, l'a déjà fait, lui. Mais, en tant qu'héritier officiel, que détenteur des « clés de la maison », il ne pouvait pas faire moins. Renaud accomplit le même exploit, au cours d'un long hommage de vingt-trois chansons. Il choisit d'interpréter quelques « tubes » incontournables du chanteur à la pipe, comme *les Amoureux des bancs publics*, *Brave Margot*, *le Gorille*, *Auprès de mon arbre* ou *La Chasse aux papillons*. Mais, par coquetterie et afin d'aider à découvrir un Brassens plus intime, moins « grand public », Renaud chante également plusieurs petits chefs-d'oeuvre qui n'ont pas eu la chance de connaître le grand succès. Des paroles délicieuses résonnent, celles de *Je suis un voyou*, *le Père Noël et la petite fille*, *le Bistrot* (préambule à un avenir proche pour lui ?), ou encore de *la Complainte des filles de joie* ou des *Illusions perdues*, titre prémonitoire, qui sait ? Jamais Renaud ne consacrera de concerts entiers voués à Brassens. Mais il n'empêche : ce disque connaît le succès, le public ayant deviné depuis belle lurette la filiation existant entre ces deux artistes aux itinéraires différents, mais aux points communs nombreux. La pochette, elle aussi, est lumineuse. Elle constitue un pastiche de la vieille publicité Pathé Marconi avec le slogan « La voix de son maître ». Ici, le petit chien est remplacé par un chat blanc, tel que les aimait Brassens, et une pipe – objet culte pour le grand poète – trône en guise d'aiguille au sommet d'un antique électrophone. Clin d'œil à celui qui, vingt ans après sa disparition, reste la référence numéro un pour qui aime un tant soit peu la chanson française.

Toujours au cœur d'une période qu'on soupçonne aujourd'hui comme ayant été la plus sinistre de sa carrière, voire de sa vie, Renaud sort un nouveau disque. Un de plus ! Un *live*, cette fois. Et un double, s'il vous plaît. Avec un titre singulier : *Renaud, Paris-provinces, aller-retour*, publié en 1996. L'artiste a choisi une formule rarement usitée : il mêle des parties de concerts donnés à Paris – plus précisément à la Mutualité – et sur les routes de France, en l'occurrence à Bagnols-sur-Cèze, Carcassonne et Lyon. L'occasion pour le public de constater, comme l'avaient déjà fait les spectateurs de la tournée, que la voix de Renaud se fait plus rugueuse, plus « enfumée », selon une expression qu'il emploiera bien plus tard. Mais tout lui est pardonné : l'ambiance qui règne au sein des salles visitées sur le double album est toujours la même : enthousiaste et rebelle. Renaud mêle ici titres antiques et nouvelles chansons, celles de l*a Belle de mai*. On est heureux de retrouver *Deuxième génération*, *la pêche à la ligne*, *Dans mon HLM*, *Déserteur*, *la Teigne*, *la Chanson du loubard* et bien sûr l'incontournable *Dès que le vent soufflera*. Mais aussi d'entendre pour la première fois en version publique les petits bijoux que sont *Son bleu*, *La Médaille* ou *Adios Zapata*. À grand renfort d'affiches géantes – placardées notamment en plein Paris –, ce disque rencontre lui aussi le public renaudien de la première heure. Tout semble aller bien, donc, pour le « chanteur énervant », qui laisse à peine passer au grand jour les prémices de sa dégringolade qui gronde. Nul ne peut – sauf à appartenir à son entourage immédiat, à sa garde rapprochée – soupçonner que l'insondable – va se produire. Comme nous l'avons vu plus tôt, c'est au sortir de cette tournée de haute volée que Renaud va trembler sur ses bases. Les quarante-cinq ans atteints, le chanteur semble nager en eaux troubles, avancer en surplace, perdre ses points de repère. Et c'est au cœur de l'année 1997 que se produisent les événements déjà évoqués ici, et qui vont plonger Renaud dans un désarroi total. Pourtant, tout au bout du tunnel, cultivant l'amitié, il va trouver la force de redémarrer. Par l'intermédiaire de Jean-Pierre Bucolo, l'ami de toujours, le personnage central de la chanson *la Mère à Titi*. Qui lui propose, un beau jour, de partir en tournée. Dans le plus simple appareil musical, ou presque. Juste un piano, une guitare… et Renaud ! Le piano ? Celui d'Alain Lanty, auteur-compositeur-interprète, accompagnateur – entre autres artistes – de Marc Lavoine. La guitare ? Celle de Titi Bucolo, justement. Bien plus tard, il déclarera dans le *Dauphiné Libéré* : « Pendant cette tournée, j'étais bouffi d'alcool, j'avais pris quinze kilos, je n'étais pas beau à voir. Mes performances vocales étaient altérées par l'abus d'alcool et de tabac. Cette tournée, qui n'aurait dû être que du bonheur, a été une épreuve. Heureusement, la fidélité du public et son indulgence à mon égard m'ont réconforté. Ils aiment bien mon personnage, ma dégaine, mes chansons, même si je les massacrais. » Des propos qu'il confirme, encore sur le site web

« 24 heures.ch », en ces termes : « Cette tournée de deux cents concerts m'a donné du cœur à l'ouvrage, mais pas rendu l'inspiration. J'étais écœuré, par la politique, par ce monde agressif, ces conflits qui s'éternisent d'un bout à l'autre de la planète, fatigué d'être un porte-parole qui prend des coups. Je n'essayais même plus d'écrire. Je n'avais pas d'idée et pas d'envie. » Et encore, revenant sur la tournée acoustique : « Je n'ai jamais très bien chanté, mais là, on se rendait compte combien je souffrais pour pousser ma voix. Heureusement, les gens sont très fidèles. J'ai eu de nombreux témoignages de cette compréhension. » Moins noir, il avoue, dans « Entrevue » : « J'avais totalement perdu confiance en moi, j'étais dépressif, sans inspiration, j'avais écrit cinq chansons il y a cinq ans, puis plus rien. Je m'étiolais. Pour sortir du trou, j'ai décidé de repartir sur les routes, avec juste un pianiste et un guitariste, sans publicité, et surtout sans nouvel album, sans nouveau tube, sans nouveauté à défendre. J'ai fait plus de deux cents concerts sur un an et demi, dans des petits théâtres. C'était bourré. Les places se vendaient en quelques heures. »

Comme il l'affirme lui-même, réussie ou pas, marquée incontestablement par l'abus d'alcool et la voix de plus en plus blanche, la tournée « Un piano, une guitare… et Renaud » n'en remplit pas moins les salles de concerts, si modestes soient-elles. Cette tournée, sur laquelle nous reviendrons en détails dans le chapitre prochain, consacré au compte rendu de deux concerts haut-savoyards, débute le 1er octobre 1999 à Colombes, pour s'achever le 9 mars 2001, à Chaville. Il jouera même au Québec, la « belle province » qu'il aime tant et où, dans un passé qui paraît déjà si lointain, il a été une star immense. Paris ne l'accueille pas, pour la première fois de sa carrière, mais Créteil, Agen, Roubaix, Troyes, Roanne, Mâcon, Perpignan, Limoges, Montluçon, ou encore Tours, Rouen, Lille, Amiens, Lyon ou Nancy lui tendent les bras. À plusieurs reprises, les organisateurs doivent doubler les dates, demander à Renaud de revenir quelques semaines plus tard, tant les demandes sont fortes.

Un tour de dix-sept mois presque jour pour jour, où, bon an mal an, Renaud traîne son âme en peine, se hissant parfois difficilement sur scène, parvenant de temps en temps à maîtriser l'ensemble de ses abus, trouvant les ressources pour déclencher encore des salves d'enthousiasme dans un public médusé, mais qui croit encore, au fond, que « son » chanteur va s'en sortir, et qu'une carrière d'un quart de siècle doit nécessairement passer par des moments d'errement. Ou qui s'empresse d'aller assister à ce qu'on pouvait légitimement considérer comme une tournée d'adieu.

Nous verrons un peu plus tard que l'espoir est revenu pour Renaud le-pourtant-désespéré, Renaud le chanteur perdu, Renaud qui n'énerve plus que ceux qui lui trouvent une voix catastrophique. Pourtant, c'est vrai que pendant cette période insoutenable, le chanteur n'a pas manqué d'activité, comme nous venons de le voir, avec plus de 330 concerts donnés en moins de six ans, ce qui n'est pas si fréquent, vu le rythme désormais habituel adopté par les artistes français qui, forts de la sortie d'un nouvel album, vocalisent quelques soirs à Paris et en province et se retirent, fortune faite, pour des durées allant parfois jusqu'à cinq ans ! L'espoir, il l'a d'ailleurs entretenu lui-même, pendant sa tournée acoustique, annonçant la sortie d'un prochain disque à des dates fantaisistes parfois (en 2018, dira-t-il à plusieurs reprises !) ou plus réalistes (cette année, ou l'année prochaine, lancera-t-il, en 2000 et 2001). Un espoir entretenu par le fait qu'au beau milieu d'une série de « classiques » de son répertoire, Renaud interprète deux nouvelles chansons : *Boucan d'enfer*, qu'il abandonnera pourtant au bout de quelques mois, la trouvant trop éprouvante, notamment pour Dominique, qui en est le personnage principal, et *Elle a vu le loup*, bluette charmante où Renaud explique à sa fille Lolita, alors adolescente, qu'elle n'a pas à être trop pressée pour connaître le même destin que sa « pote » Marilou, qui, à quinze ans, a vécu sa première expérience sexuelle, maladroite et trop rapide, mais pourtant bien réelle, s'affichant ainsi dans le sillage de sa mère qui, elle, a « vu toute la meute » ! Certes, deux chansons nouvelles ne font pas un album, et on se questionnera longtemps, entre fans, sur les forums d'internet notamment, sur la résurrection hypothétique de sa carrière, ou la disparition corps et âme d'un chanteur qu'on a tant aimé. Un débat qui prendra fin en mai 2002, d'une façon aussi inespérée que spectaculaire, comme nous le verrons plus tard. Après tout, se disaient les supporters du chanteur, en mal d'espoir, on peut très bien revenir de ce trou noir. Les cures existent – et Renaud en suivra plusieurs – pour évacuer ce fléau alcoolique qui, tant, le frappait alors. A condition de moins fumer – ce qui ne semble pas encore être le cas de nos jours – la voix, déjà fragile à l'origine, pourrait réaccéder à un niveau acceptable, et lui permettre d'entreprendre un véritable retour. Toutes les hypothèses étaient envisagées, certains préférant même voir Renaud terminer sa carrière en catimini, après une tournée quasi anonyme, quoique populaire. Sans faire de bruit, en toute discrétion. Comme une comète qui aurait habité la planète « chanson française » un quart de siècle durant. D'autres le voyaient revenir, flamboyant, sorti de l'ornière, reparti pour une longue période d'activité. Après tout, les cinquante ans, que vient d'atteindre Renaud, ne sont rien par rapport à l'âge des vieux lions que sont Charles Aznavour ou Claude Nougaro, ou même à celui des « plus jeunes » Michel Sardou, Johnny Hallyday ou Jacques Higelin. Restait donc à Renaud à redonner vie à une carrière brinquebalante, désormais portée par le désespoir et le pastis. Et pour cela, à un mois à peine de la fin de sa tournée acoustique, un rendez-vous important lui est fixé. Les Victoires de la musique, traditionnelle remise des récompenses de la chanson française qui, à une seule exception près (l'album *Renaud cante el'Nord*, écrit en langue ch'ti à la suite du film *Germinal* dans lequel il tenait le rôle principal), n'ont jamais souri à Renaud, ont en effet décidé de faire un cadeau à son public. Le 17 février 2001, Renaud se voit attribuer une « Victoire d'honneur », pour l'ensemble de son œuvre. Comment faut-il prendre la chose ? Remerciement à un artiste qui a marqué la chanson française depuis 1975 et qui méritait bien de connaître cela, au moins une fois ? Ou cadeau presque posthume à un chanteur dont on savait, depuis quelque temps, que la dépression et la séparation d'avec sa femme avaient marqué son destin ? Chacun interprétera ce geste à sa façon. Après tout, d'autres sommités de la variété française avaient, avant lui, reçu le même honneur : alors pourquoi pas lui ? Toujours est-il que Renaud paraît, accueilli par une gerbe d'applaudissements conséquente. Ceux qui n'ont pas suivi sa tournée et qui, le croyant disparu des planches, seront surpris de le trouver ainsi, le visage bouffi, un pauvre sourire aux lèvres, une détresse évidente dans le regard. Renaud remerciera son public, celui présent lors de cette soirée, mais aussi celui de ses débuts, qui l'a toujours suivi. Il dédiera cette Victoire aux « deux amours de sa vie », Lolita et Dominique. Puis interprétera *Mistral gagnant*. D'un ton pathétique, la voix éraillée, le regard dans le vague, il s'attirera tout de même la sympathie du public, et la curiosité – parfois l'inquiétude, sans doute – de millions de téléspectateurs, avides de ses nouvelles. Plus d'un an après, bien des fans ont gardé de lui cette image d'un chanteur vieillissant, comme surgi de ses ténèbres pour effectuer un dernier tour de piste. Et bien surpris auraient été ceux à qui on aurait affirmé qu'à peine quinze mois après cette piètre prestation télévisée, Renaud aurait battu le record toutes catégories de ventes de disques en France, avec *Boucan d'enfer* !

La période noire traversée par le chanteur depuis toutes ces années de gloire est résumée dans la phrase la plus terrible de son répertoire, issue de la chanson titre de son dernier album : « Pourtant, y a bien pire que mourir, y a vivre sans toi. » Tout le désespoir, le dépit, l'amertume que pouvait contenir le cœur brisé de l'artiste s'y retrouvent. Des propos qu'il confirmera au micro de Marc-Olivier Fogiel, lors d'une émission télévisée, sur France 3, un soir de juin 2002 : « Je ne voulais pas vraiment mourir, je ne voulais juste plus vivre… » Tout était dit…

Un soir, à Thonon

Heureux Haut-Savoyards qui, en trois mois presque jour pour jour, auront pu assister à une double séance de Renaud sur scène. Nous sommes en 2000, et la tournée « Un piano, une guitare… et Renaud » bat son plein. Six mois déjà que le chanteur traîne son mal de vivre, coûte que coûte, sur les scènes provinciales. Bon an mal an, le tour se poursuit. Renaud chante mal, mais il chante. Les concerts s'ajoutent aux concerts, il faut sans cesse rajouter des dates à cette tournée qui, partie de rien, va être une des plus longues de sa carrière ! Au programme du printemps et de l'été 2000, deux visites en Haute-Savoie. Un fait assez rare pour être souligné : lors des tournées classiques, solidement formatées par agents et producteurs, on évite ce genre de doublon. Quand un artiste chante dans une région, il n'y revient théoriquement pas dans les semaines qui suivent. Qu'à cela ne tienne ! « Un piano, une guitare… et Renaud » est une tournée atypique, singulière. Alors, par deux fois, en avril à Cluses et en juillet à Thonon-les-Bains, les montagnes alpestres vont résonner aux accords renaudiens. Il est difficile d'aborder la soirée salvatrice à Thonon (un triomphe comme au bon vieux temps), sans évoquer celle, beaucoup plus médiocre, de Cluses. Facile pour moi de dresser un tableau comparatif : habitué aux séjours en Haute-Savoie, où le Picard que je suis pourtant est aussi un peu chez lui, j'ai assisté aux deux concerts. Douloureuse la première fois, réconfortante la seconde, cette double expérience ne peut laisser indifférent. Elle résume à elle seule l'état d'esprit – l'état de santé aussi – qui est celui de Renaud à l'époque. Capable d'être brillant un soir, il peut décevoir une autre fois.

Heureusement pour moi, le pain noir des montagnes a été mangé lors de la première soirée, à Cluses. La scène se passe le 12 avril 2000, dans la salle du Parvis des Esserts, au cœur d'un quartier plutôt triste d'une ville pourtant si jolie, face au Mont-Blanc, à deux pas de Sallanches, à trois à peine de Chamonix, pas très loin de Genève non plus. La salle, aux allures de gymnase démodé, n'attire pas le regard de l'extérieur. Mais près de deux mille spectateurs peuvent tout de même y assister, à l'aise, à un spectacle qui s'annonce alléchant. On se presse, on fait la queue, cela sent la merguez et la bière fraîche. La soirée débute par la diffusion audio d'une version inédite de la chanson *Hexagone*, reprise en langue arabe, et avec des accents bondissants, par le chanteur algérien Baaziz. On tape des mains, on est heureux. Cela commence plutôt bien. A défaut de chaleur, on décèle déjà dans l'œil des spectateurs une note d'espoir, d'envie. Et Renaud entre en scène. Entonne *la Ballade de Willy Brouillard*. Mais la voix est déjà dégradée, la première chanson nous apprend que ce concert ne sera pas bon, que Renaud ne va pas bien. Comme sur le double album live *Paris-Provinces, aller et retour* – mais en pire cette fois – *Willy Brouillard*, cette histoire d'un homme devenu flic « parce qu'il faut bien bouffer » est quelque peu saccagée. Déjà, dans la salle, les regards s'entrecroisent, on s'interroge, on doute, on a peur. Renaud, alors, a tout du « has been ». Les plus grandes craintes peuvent être émises, on ne sait déjà plus sur quel pied danser, ni sur quelle corde vocale reprendre en chœur les mélodies du chanteur. Hélas ! La suite du concert confirme la première appréhension. Le public, plutôt d'âge moyen (le prix des places, proche de 200 F d'alors, explique peut-être cela) se demande à quelle sauce il va être mangé. Les chansons s'enchaînent, et, entre chacune d'entre elles, Renaud parle. Il a toujours aimé parler ainsi. Parfois même, il utilisait ce procédé pour prendre quelques secondes de repos. Mais là, à Cluses, ses monologues sont des délires. On voit déjà poindre le *Mister Renard* qu'il décrira un an plus tard dans son album *Boucan d'enfer*. Une face cachée de l'artiste, une face fatiguée, harassée, paraît devant le public haut-savoyard. Tour à tour, Renaud évoque Bernard Tapie, le monde du football, l'Olympique de Marseille, l'A.S. Monaco. Puis Mitterrand. « Je regrette l'homme, pas sa politique », lâche-t-il. OK, on veut bien, mais on veut aussi la suite. Et la suite, hélas ! irrite fortement le public. Les discours deviennent plus longs, monocordes aussi. Et l'inévitable se produit : ici et là, quelques sifflets viennent émailler la soirée. Les observateurs feront toutefois remarquer que ceux-ci n'émanaient que d'une minorité. Mais tout de même : un spectateur, dans le fond de la salle, se lève, hurle : « Chante, arrête de bavarder ! » Et Renaud n'accepte pas la remarque. Il la trouve désobligeante, se renfrogne. Mais, professionnel jusqu'au bout des ongles malgré les circonstances peu favorables, il choisit de poursuivre son show, de « faire » le métier. Et le fera jusqu'au bout. Grosse différence, toutefois : il ne dit plus un mot, se contente de chanter. Et de fumer. Les cigarettes défilent à vitesse grand V, ce qui n'arrange pas la voix. Mais, miracle, peu à peu la magie revient. La voix est toujours fausse, mais l'immense majorité du public choisit de soutenir « son » champion. Chaque chanson est ponctuée de salves d'applaudissements, comme pour encourager Renaud à revenir dans son concert, à le prendre à nouveau à bras-le-corps. Au beau milieu de cette période de doutes, Renaud interprète *Chanson pour Pierrot*. L'impensable se produit : jamais je ne l'ai entendu aussi bouleversant que dans cette version d'un de ses titres-vedettes, qu'il se doit de chanter à chacune de ses prestations depuis plus de vingt ans. Là, c'est le cœur qui parle, par-dessus la voix, à travers ce texte mélancolique où Renaud évoque, bien avant la naissance de Lolita, son espoir de voir un enfant débarquer dans son foyer. « J't'ai trouvé une maman, tous les trois ce sera bien, allez viens je t'attends... » Son actualité personnelle refait alors surface, transperçant comme en un éclair les doutes installés depuis une heure, depuis son arrivée sur scène. Le ton monte, Renaud redevient Renaud. La fin du concert approche, et pourtant on voudrait le conserver, l'obliger à rester. Une soudaine folie prend le public. Un supporter saisit un drap surgi de nulle part. Et se met à « bomber » le tissu, inscrivant en grosses lettres : « Renaud on t'aime. » L'artiste poursuit son récital, mais continue aussi à bouder. Cette soudaine déclaration d'amour ne le fait pas revenir sur sa décision. Il ne dira plus un mot. Du moins pas avant de sortir de scène. Dans la salle, l'ambiance se fait plus enfumée. À l'exemple de l'idole – pas encore déchue – les aficionados donnent de la cigarette. Les volutes montent jusqu'au plafond du Parvis des Esserts. *Dès que le vent soufflera* retentit : triomphe absolu. Une partie de la foule se rue au pied du podium. L'homme au drap est là, il agite ce précieux trophée créé pour l'occasion. La chanson marine était la dernière de la soirée. Tonnerre d'applaudissements. Mais Renaud, pourtant, n'a pas retrouvé le sourire. Il est resté sur cet écho défavorable, sur ce cri dans la salle, qui l'a incité à se taire. Alors, il revient saluer la foule, une dernière fois. Et prononce enfin quelques mots. « Ce soir, au lieu de vous parler, j'ai fumé ! » Et d'un ton pathétique, que nul ne lui avait jamais connu, il affirme : « Voilà vingt-cinq ans que je chante. J'ai donné des milliers de concerts. Eh bien celui de ce soir est le plus mauvais de toute ma carrière ! » Réaction dans la foule : « Non ! » lui répondent les plus fidèles des fans. Les autres se contentent de quitter les rangs, sans bruit. Renaud disparaît. Déjà, des jeunes filles se pressent pour tenter d'obtenir, auprès des « roadies », les personnels chargés de monter et démonter le matériel de scène, un hypothétique autographe de l'idole. Rien n'y fera. Et la foule quitte la salle. Sur le parvis, on commente, on regrette, on échange. « Il est cuit », lance un spectateur. « Le public est toujours là, ça va l'aider à tenir le coup ! » rétorque un autre. Pour ma part, je fuis sans bruit, sans chercher le moindre dialogue. Je rejoins Sallanches, où je loge. Dépité, je me demande si vraiment, un jour, Renaud redeviendra cet artiste adulé par les foules des années quatre-vingt, celui qui déclenchait de véritables scènes d'hystérie lors de ses concerts au Zénith, qui battait tous les records de fréquentation aux Francofolies de La Rochelle ou au Printemps de Bourges. Furtivement, comme par transmission de pensée, je l'implorerais presque de s'arrêter là, de tout plaquer avant qu'il ne soit trop tard. Pourtant, quelques jours plus tard, j'apprends par mes complices internautes que la tournée se poursuit, que d'autres concerts sont donnés, que Cluses n'aura été qu'un épiphénomène. Renaud existe encore. Et pour longtemps, car la tournée vivra encore un an. Et si ses promesses de nouveau disque sont tenues, le rêve peut continuer, à plus longue échéance. Ouf!

C'est aussi par le biais d'internet, et plus particulièrement par les abonnés de la RML (Renaud Mailing List, un forum de discussion qui permet aux fans de Renaud de s'exprimer, d'échanger des messages, de correspondre), que j'apprends la tenue d'un concert à Thonon-les-Bains, prévu pour le 15 juillet 2000. Renaud doit se produire en plein air, dans le parc du château de Montjoux, au bord du lac Léman, dans le cadre du festival « Estivalpes ». C'est décidé, je serai de nouveau de la fête, mais cette fois-ci avec femme et enfants. Afin de ne pas rester sur ma faim. Avec toutefois, rivé au cœur, une crainte qui me noue l'estomac : si Renaud renouvelle sa piètre performance de Cluses, que vont en penser Émilie, Anaïs et François-Régis, mes enfants élevés depuis toujours dans le culte du chanteur aux cheveux jaunes ? Je les vois déjà me renvoyer à mes chères études, à m'expédier à la face que, décidément, Renaud est un homme du passé, qu'on ne les y reprendrait plus. Mais, d'un autre côté, sentant possiblement proche la fin d'une carrière sérieusement ébréchée, malgré l'hypothétique sortie d'un nouvel album pour une date sans cesse repoussée, je ne veux pas qu'ils manquent l'occasion de voir, au moins une fois, à quoi ressemble Renaud sur scène. Sentiment partagé par bon nombre de quadragénaires qui désirent faire partager à leurs jeunes pousses les joies d'une soirée passée au pied d'une scène où se produisent leurs idoles d'antan ! La crainte est atténuée pour mon épouse, Catherine, qui, elle, a déjà pu applaudir Renaud avec moi lors de soirées mémorables au Zénith de Paris, à l'Olympia, mais aussi, en province, à Laon, au Havre

ou à Reims. Et qui a même pu obtenir un autographe inespéré sur la page de garde de la première version de cet ouvrage, en janvier 1986, où Renaud a écrit : « A Régis, à sa meuf' et à sa maquette à venir », faisant ainsi référence à la naissance toute proche – et facilement constatable en présence de Catherine – de ma fille Émilie. Pour l'anecdote, cet épisode avait pour théâtre les studios de France 3 Ile-de-France, rue Georges V à Paris, lors d'une émission télévisée à laquelle participaient Coluche et Pierre Desproges, le tout une semaine à peine après le décès accidentel de Daniel Balavoine. Nostalgie…
Technologies dernier cri obligent, il existe aujourd'hui un moyen nouveau d'aborder un concert. Les contacts auprès d'inconnus sur internet, relayés par une ribambelle de téléphones mobiles dont nous sommes désormais tous affublés, facilitent les rencontres, permettent d'aborder un tel événement avec un œil neuf, plutôt que de se terrer dans un coin de la salle, et d'assister seul à « son » concert. C'est donc de cette façon tout à fait inédite que j'envisage la soirée du 15 juillet 2000. Une bande de joyeux lurons fait donc irruption dans un camping situé à moins de trente kilomètres du lieu du concert, pour un « before » mémorable. Un épisode dont tout un chacun peut désormais prendre connaissance en consultant le site web HLM de Renaud, qui relate l'événement, photos à l'appui, démontrant que Renaud n'a pas l'apanage de l'amour du pastis !
Il est près de 23 heures au parc de Montjoux. Il fait un froid de canard, malgré la saison. Mais qu'est-il passé par la tête des organisateurs de prévoir un concert à une telle heure ? Toujours est-il que le public déborde, envahissant le parc dont la pelouse est en légère déclivité, s'abaissant du château coquet jusqu'à l'emplacement où a été montée la scène. Contrairement à la soirée déjà oubliée de Cluses, les fans sont jeunes. Il ne fait pas bon être quadragénaire dans ces conditions, sauf à passer pour un « croulant » sur le retour. Avec une vingtaine d'années de moyenne d'âge, ce public-là a de quoi faire parler le tonnerre. Raison de plus pour inciter Renaud à se surpasser. Car ce qui

a été pardonné les semaines précédentes par de plus anciens, fans de toujours et prêts à tout oublier pour cause de fidélité, ne le sera pas cette fois-ci. Il est vrai que le prix des places, entre 60 et 140 F (l'euro n'avait, alors, pas encore droit de cité), pratiqué par les organisateurs du festival Estivalpes, a directement contribué à baisser d'autant l'âge de l'auditoire. Renaud joue gros sur une telle affaire, il ne peut se permettre le moindre accroc, même si, par le biais d'internet et de la presse régionale, la majorité de son public sait déjà que ses prestations actuelles ne sont pas des plus brillantes. Mais le fait de se retrouver, comme au bon vieux temps, devant plusieurs milliers de personnes ne doit que le pousser à se surpasser, à redevenir lui-même. Deux heures plus tard, poussant un ouf ! de soulagement, c'est ce que constateront ses fans, une fois ce show des plus remarquables terminé.

Alors que la joyeuse troupe des internautes se faufile – au tout dernier moment – pour accéder aux premiers rangs, ce qu'elle réussit d'ailleurs avec beaucoup d'adresse, l'heure fatidique approche. Et voilà que résonnent les premiers accords de la version arabe d'*Hexagone* qui annonce, chaque soir pendant la tournée, l'arrivée de Renaud sur scène. Mon cœur se serre, je n'ose croiser le regard des enfants qui près de moi attendent celui dans l'ambiance duquel ils ont été bercés. Et puis, Renaud arrive. Alain Lanty (piano) et Jean-Pierre Bucolo (guitare) sont à ses côtés. Grondement jubilatoire dans la foule. D'entrée, les enfants sont quelque peu décontenancés. Renaud est tel qu'en lui-même, mais version début des années 2000, le dos légèrement voûté, l'allure épaissie et la barbe naissante. « Il fait vieux », a juste le temps de me glisser Anaïs avant que le chanteur n'entonne son premier titre. Mais le « vieux » va mieux. Il le prouve d'entrée, en attaquant, comme chaque soir, *la Ballade de Willy Brouillard*. En quelques secondes, en quelques vers seulement, je sais déjà que « ça » va aller. Que, ce soir, Renaud va aller très loin, jusqu'au fond de lui-même, pour offrir – enfin – une soirée digne de ses admirateurs. Oh ! certes, la voix n'est pas parfaite, loin de là. Mais rien à voir, non vraiment, rien à voir du tout avec cette entrée à Cluses qui m'avait cloué sur mon maigre fauteuil de bois. Le public réagit au quart de tour, quand Renaud sait le caresser dans le sens du poil en lui donnant, d'entrée de jeu, un texte « anti-flic » qui déclenche des salves d'acclamations. Le premier test est passé. Reste à transformer l'essai, à tenir tout un spectacle, vingt-cinq chansons sur le même rythme, sans flancher. Le site, tellement joli, du parc de Thonon, ne pouvait attendre mieux. Glacé par le froid ambiant, Renaud passe rapidement une veste : « Il fait un drôle de temps, chez vous, pour un 15 décembre », dit-il ironiquement. Et les chansons s'enchaînent, sans la moindre faille, sans qu'une seule fois, Renaud oublie un vers, sans qu'une seule fois sa voix retombe. La plupart des grands classiques y passent : *En cloque*, mais aussi *la Pêche à la ligne* (avec un moment d'émotion profonde quand sont chantées les paroles « mon amour est parti, mais parti pour toujours, j'ai perdu mon amour, et j'ai perdu ma vie », issues d'un texte pourtant écrit bien avant ses déboires sentimentaux). Puis vient l'incontournable *Deuxième génération*, au texte pourtant désormais décalé par rapport à la réalité des banlieues d'aujourd'hui. Et *la Mère à Titi*, d'autant plus vibrante que le Titi en question, Jean-Pierre Bucolo lui-même, est assis à trois mètres à peine de Renaud, la guitare sur le genou ! Puis vient C*hanson pour Pierrot*, presqu'aussi prenante qu'à Cluses. Et *Son bleu*, puis *Germaine*, reprise en chœur par un public bon-enfant, dans une chaude ambiance de… 14 juillet (nous sommes le 15, rappelons-le). *Déserteur* et *Miss Maggie*, fidèles compagnes de Renaud depuis bien des lustres déjà, sont de sortie. *Elle a vu le loup* est également de la fête, mais plus *Boucan d'enfer*, vraiment abandonnée, un an avant de renaître dans l'album qui portera son nom. Constatation plaisante : ce soir-là, à Thonon-les-Bains, Renaud ne fume que rarement sur scène. Décidément rien à voir avec sa prestation pathétique dans la ville voisine de Cluses. Anecdote, tout de même : Renaud allume une cigarette, la laisse fumer, seule dans son coin, plus précisément sur le

piano d'Alain Lanty, pendant qu'il entame une nouvelle chanson. Et la cigarette de se consumer, privée de son maître, manquant de peu mettre le feu au précieux instrument ! Épisode qui réjouit l'assistance, qui décontracte les derniers insoumis. La partie est gagnée, ou presque. Renaud le sent, qui en remet dans l'humour, qui parle à nouveau à son public, sans délirer cette fois.
Il ne lui reste plus qu'à conclure. Et il va le faire sans coup férir. Mémorable version de *Mistral gagnant*, émouvante à souhait, débordante d'émotion vraie. *Dès que le vent soufflera* suit de près. Et *Morgane de toi* conclut. Les spectateurs se saisissent à l'épaule, dans une ferveur qui fleure bon les grands soirs. Car ce 15 juillet en est un. On en oublierait presque le temps : il est près d'une heure du matin quand Renaud s'apprête à quitter la scène. Mais ce ne sera pas sans recevoir l'appui d'un feu d'artifice qui troue la nuit thononnaise, qui éclaire le ciel et fait apparaître, non loin, les rives plongées dans la nuit du lac Léman.
La fête est finie, et pourtant, elle durera longtemps encore. On le sait, désormais. Tant pis pour le mauvais concert de Cluses, tant pis pour les bavardages rébarbatifs, tant pis pour cette voix qui défaille certains soirs beaucoup plus que d'autres, au gré du nombre de cigarettes englouties dans la journée qui précède. Des mauvais soirs, Renaud en connaîtra d'autres, jusqu'en mars 2001. S'il a sauvé l'essentiel, à Thonon notamment, sa crise intérieure n'en est pas amoindrie pour autant. Son chagrin d'amour et son penchant de plus en plus prononcé pour la dive bouteille ne s'effacent pas, loin de là. Mais on se demande tout de même bien ce qu'aurait pu faire Renaud si cette tournée – au départ quelque peu improvisée – n'avait pas été organisée. Quelles auraient été ses journées, pendant cette année et demie de thérapie musicale et mélodique ? À qui aurait-il pu, alors, faire partager son talent ? Les fans de la première heure frémissent à cette idée. Et se demandent finalement si, quoique lancée sur le pouce et avec de faibles moyens, cette tournée n'aurait pas sauvé la carrière – sinon la vie – d'un Renaud en

perdition. Intervenant après des années d'errance, où il se livrait quotidiennement à son sport favori, les « bars parallèles » – l'expression est de lui – elle a au moins eu le mérite d'occuper son temps, tout en assurant sa présence, même parfois tremblotante, sur la scène de la variété française.
En cela, cette tournée, faite de bric et de broc, aura été salutaire. Même si certains producteurs, parisiannistes jusqu'à l'os, affirment haut et fort qu'elle ressemble à un sous-produit, qu'une telle star de la chanson ne peut participer à pareille aventure qu'avec la seule volonté de tenter d'exister encore. L'un d'eux m'a même confié : « Quand un artiste part en tournée avec seulement deux musiciens, il prétend que c'est pour y donner une série de concerts acoustiques. Cela fait bien, cela fait tendance. C'est à la mode, les tournées acoustiques. Mais c'est aussi pour cacher une certaine déconfiture, un déclin. » Des propos auxquels Renaud se chargera lui-même de répondre quand il entamera une nouvelle tournée, beaucoup plus ambitieuse celle-là, à la fin de l'année 2002, avec de gros moyens et des concerts au Zénith de Paris, avant une longue tournée en province.
Nul ne sait si l'air frais des Alpes aura servi Renaud. Si, après en avoir respiré une première bouffée, presque nauséabonde, à Cluses, il avait enfin trouvé « son » air pur à Thonon-les-Bains. Mais l'évidente vérité est là : malgré son état déficient, jamais il n'annulera une soirée, toujours il assurera sa prestation, avec ses moyens d'alors. Peut-être ne sait-il pas encore que sa période noire va bientôt prendre fin. Rien ne peut permettre de l'affirmer, puisque le temps écoulé entre la fin de sa tournée « Un piano, une guitare… et Renaud » et la sortie de son album *Boucan d'enfer* ne sera pas toujours rose. Même, si, en point d'orgue, ses cinquante ans, qu'il fête à Toronto lors du tournage de son dernier film (nous y reviendrons), lui apporteront un nouveau souffle, prêt enfin à l'amener vers la libération tant espérée. Et puis, à bien y réfléchir, jamais une seule fois Renaud n'a annoncé, pendant sa tournée acoustique, une éventuelle

sortie des rangs, de quelconques adieux provinciaux et discrets. On ne peut s'empêcher de penser que l'idée l'a bien effleuré. Déjà, en 1984, alors au faîte de sa gloire, il m'avait confié : « Je me dis tout le temps que je vais bientôt arrêter. Je ne me vois pas encore faire le chanteur quand j'aurai quarante ans. » Ses quarante ans, pourtant, il les a fêtés sur scène, au Casino de Paris, où il n'avait pas réalisé le vœu adressé au public : « Pour mes 40 ans, j'arrête de fumer ». Quelques jours après la date fatidique, à un spectateur qui le lui faisait remarquer, Renaud a répondu : « J'ai tenu ma promesse : j'ai arrêté... le jour de mes quarante ans ! » Aujourd'hui, la fumée est toujours là. Prions pour qu'elle n'altère pas encore davantage sa voix. Voici peu, il confirmait à un journaliste : « Maintenant, j'ai arrêté de boire, mais pas encore de fumer... »

Renaud achève sa tournée en mars 2001, par un concert à Chaville. À la veille du premier tour des élections municipales en France, mais cela n'a rien à voir. Désormais, pour lui, la vie prend la forme d'une fourche. De deux choses l'une. Il peut reprendre sa vie d'errance, celle qu'il a connue auparavant et prolongée sur les routes de France. Il peut aussi choisir de revenir sur les bons rails, de redevenir chanteur, plus tard, et d'enfin renaître vraiment. Il lui faudra encore du temps pour peaufiner son nouveau disque, ses nouvelles chansons qui ne sont pas encore prêtes, à deux exceptions près. Il lui faudra en effet attendre l'hiver 2001-2002 pour, enfin, terminer l'enregistrement de *Boucan d'enfer*. La lueur au bout du tunnel se fait plus brillante, les feux de la rampe le rappellent. Après l'angoisse, le renouveau. Renaud va revenir. Pour lui, l'époque de la renaissance approche. Le temps de repartir en campagne est presque venu. Même si, c'est vrai, il n'est pas resté inactif, comme nous l'avons vu, entre ses deux disques de 1994 et 2002, les admirateurs ont faim de nouveaux textes, de goûter le Renaud d'aujourd'hui, celui du début du XXIe siècle. Ils ne vont pas être déçus. Les bacs des disquaires vous en diront quelque chose...

La renaissance

Renaud revient. L'information, hier encore inespérée, devient réalité. Elle arrive, toute pimpante, toute pure, toute neuve. La renaissance de l'artiste est en vue. On n'y croyait plus. Et pourtant, ça y est. Le retour est pour demain. Immense satisfaction chez les fans, intense surprise chez les autres. Sans compter les nouvelles générations qui, elles, ont tout à apprendre du chanteur aux cheveux jaune grisonnant. Depuis plusieurs mois, pourtant, l'information en question circulait sur internet.

Parfois vague, puis plus précise, elle révèle que la chanson *Boucan d'enfer*, pourtant bannie par Renaud pendant une bonne moitié de sa tournée acoustique, figurera sur le nouveau disque. On ne sait pas encore, alors, qu'elle en sera même l'élément moteur, et mieux, qu'elle donnera son titre à l'ensemble de l'œuvre. Ici et là, un sobriquet circule : Renaud aurait choisi de se créer un double à la manière de Gainsbourg-Gainsbarre. Il aurait inventé Mister Renard ! Mais rien n'est encore précis. Le doute est délicieusement entretenu, chacun y va de son « tuyau », de son info exclusive. On parle d'un duo (on ne sait pas encore avec qui), un art dans lequel Renaud n'avait encore jamais puisé, dans ses propres albums du moins (il récidivera peu après dans celui de Patrick Bruel, consacré à de vieilles chansons françaises, baptisé *Entre deux*, et qui constituera le plus grand succès discographique français de cette première moitié d'année 2002, coude à coude avec… *Boucan d'enfer* !). On sait déjà que les nouvelles chansons sont mises en boîte, une à une, pendant l'hiver. De quoi entretenir le suspense, pour qu'enfin la réalité éclate au grand jour. Mais avant d'aller plus loin dans cette période salvatrice, libératoire, c'est une nouvelle fois sur internet que nous puiserons des réactions émouvantes. L'un des messages les plus remarquables émane d'une jeune femme qui, peu après la sortie de l'album, a aperçu Renaud en personne, en plein Paris, dans son bistrot préféré. Mieux : elle a tenté de le rencontrer, de dialoguer. Elle témoigne, faisant part de son admiration sans faille pour le chanteur qui, enfin, vient de revenir sur l'avant-scène : « J'ai vu Renaud, enfin j'ai croisé son regard. Pas capable de dire un mot. Je lui ai tendu un papelard, écrit plus pour moi que pour lui. Dans mes rêves, depuis toujours je lui parle, il me raconte des histoires, il m'écoute, il me trouve classe. Dans mes rêves, il n'a pas de visage, je parle juste à ses chansons. Renaud a toujours eu une place d'honneur dans mon univers parallèle, là où j'ai mis Boby, Gainsbourg, Brassens, Cabrel, Thomas Fersen, Miossec, Mano Solo et quelques autres. Quand je l'ai vu, l'autre soir, il a lu mes mots qui n'arrivaient pas à dire ce qui m'amenait dans son bistrot. Je venais d'acheter son *Boucan d'enfer*, j'étais encore dans ses chansons, je ne me doutais pas que je le verrais, comme ça, vivant, bien réel. Je suis restée là, à côté de lui, à le mater de côté, vivre sa vie. Peut-être bien que je l'ai fait chier, peut-être bien que j'aurais dû me casser. Lui s'est barré, mais moi j'ai pas pu bouger. Je suis restée là cinq heures, seule, en état de choc, inanimée. Je ne voulais pas quitter ce monde si étrange, si loin de ma réalité. J'essaye de remettre Renaud à côté des autres, mais il est rebelle et reste là, planté devant mes yeux, à la place de l'écran. Pour moi, Renaud c'est un grand Monsieur. Mon esprit, mon côté bohème, est nourri par lui et par tous ceux qui savent manier les mots. Pis c'est tout… »

Message d'amour, rêve devenu réalité ou, qui sait ? surgi de pensées fantasmagoriques d'une fan tombée en béatitude. Mais, en tout cas, un texte qui fait mieux comprendre pourquoi, bien des années auparavant, dans l'album *Putain de camion*, Renaud avait, dans sa chanson *Petite*, rendu hommage à celles qui lui apportent tant de preuves d'amour. Puis, un alter ego internaute répond au message, par un autre : « Un vrai rebelle, ce Renaud, même quand on ne s'y attend pas. En tout cas, apparemment, tu vas t'en souvenir longtemps de ce jour-là. Tu dois être contente, non ? » Plus tard, un autre aventurier du net détruit le rêve : « Quelle folle aventure... tu crois qu'il pisse comme un humain ou non ? » Voilà le décor planté : dans l'imaginaire de bien des admirateurs, Renaud reste une espèce de druide, un guide spirituel qui, longtemps encore, bercera les songes de ceux qui veulent s'attacher aussi bien au personnage et à sa façon d'être qu'à ses chansons et à leur gouaille inégalable. Admiration, mais aussi compassion dans l'esprit de ceux qui paraissent tout surpris de voir Renaud comme un être humain redevenu lui-même, sorti de l'ornière, après tant de déboires et de journées passées devant un verre d'alcool jaune. Une tendance reprise dans un article paru dans *Le Parisien* du dimanche 23 juin 2002 : « Il n'y a pas si longtemps, sur le boulevard Montparnasse à Paris, les habitants du quartier croisaient fréquemment un grand type aux cheveux jaunes et à la démarche hésitante, se dirigeant vers un bar, toujours le même. À la fois impressionnés et gênés, ils chuchotaient alors : « Regarde, c'est Renaud ». Mais depuis le 28 mai, tout, ou presque, a changé. À 50 ans, l'artiste est revenu à la lumière avec son nouvel album *Boucan d'enfer*, et ce retour n'est pas passé inaperçu. » Et l'article se conclut ainsi : « Renaud fréquente toujours les bistrots de Montparnasse, son quartier. Mais, désormais, ceux qui osent l'aborder dans la rue ne chuchotent plus. Ils lui disent bravo à haute voix. » Cet article traduit avec excellence la nouvelle manière qu'a le public d'aborder le personnage. On sait qu'il ne sera plus jamais celui qu'il a été à ses débuts. On sait qu'une nouvelle ère commence. Mais le public est prêt à le suivre sur son nouveau chemin, tout autant en l'écoutant chanter ses tristesses et ses blessures qu'en se remémorant l'époque où, rebelle avant tout, il fustigeait la société, tirait sur les flics, les militaires ou les curés, refusait l'ordre établi, fusillait à bout touchant tous ceux

qui, comme chantait Brassens, « n'aiment pas que l'on prenne une autre route qu'eux ». Bien sûr, *Boucan d'enfer* n'est pas un message révolté comme pouvait l'être *Gérard Lambert*. La belle affaire ! Le chanteur, tel l'ami, on se doit de le suivre dans ses errances, ses perditions, puis le retrouver de l'autre coté du tunnel, à l'aube d'une aventure qui se régénère au fil du temps. Ce sentiment est partagé par une immense majorité du public qui n'a pas considéré le nouveau disque de Renaud comme un revirement, comme un reniement de son passé, mais comme une continuité logique de ce qu'a toujours été son œuvre. Renaud se veut un témoin de la vie, des autres comme de la sienne. Et si les problèmes de société le touchent moins qu'auparavant, il n'en exprime pourtant pas avec moins de talent les sentiments qui sont les siens depuis ses années de galère. Il confiera d'ailleurs cela au journal *Le Parisien* : « Les chansons, c'est avoir envie de raconter des histoires, et je ne savais plus que ce je voulais raconter. Donc, j'en suis venu à parler de ma vie, de ma vie privée d'observateur du monde. Dans mes albums précédents, il y avait des chansons sociales. Pas vraiment politiques, mais avec des mots assez rebelles, une vision plus large. Là, j'ai plus regardé mes chagrins que les chagrins du monde… »
Et puis, voilà que le site internet RTL.fr exprime de façon précise l'élément déclenchant qui a ramené Renaud sur la route de l'écriture : Vint alors le temps du déclic. Un pari simple entre deux potes qui avaient pris rendez-vous sur le boulevard des bouleversés : « Tu écris une chanson contre une bonne dernière cuite ! Le renard va finalement s'exécuter. Sans forfanterie, avec malgré lui tous les stigmates de l'animal qui n'y croit plus. Il va dicter la chanson (je tremblais trop alors, je ne pouvais plus écrire moi-même, dira Renaud, à ce propos, lors d'une émission télévisée sur France 3), figure et thème imposés. Faire une chanson sur l'homosexualité qui renouvelle le genre, pour réussir un contre-champ contemporain à l'éternel *Comme ils disent*, d'Aznavour. »
Et voilà Renaud relancé, pour longtemps sans doute. Ce déclic, tant recherché, jamais assouvi, arrive sous les traits d'un ami du

chanteur, qui, en trois quarts d'heure à peine, a recueilli les mots du maître, les a couchés sur le papier, pour livrer à son auteur la chanson *Petit pédé*. Un texte décrié par certains adeptes du «politiquement correct», ceux qui parlent d'un «homme de petite taille» pour décrire un nain ou d'un «technicien de surface» pour un balayeur, et qui rejettent avec un dégoût prononcé les mots «pédé» ou «tarlouze» définissant les homosexuels. Mais un texte pourtant rapidement adopté par la communauté gay de tout le pays. Et finalement par le grand public qui s'y habitue.
Le rayon de soleil est là. Renaud se replace dans la peau d'un artiste qu'il n'était plus, comme il l'écrira dans *Tout arrêter*. Les blessures sentimentales sont toujours présentes, inguérissables, mais il les exorcise en les interprétant à sa façon, en les donnant à partager à ceux qui, tapis dans son ombre, attendent impatiemment que Renaud chasse le Renard. Après la tournée chaotique et déséquilibrée des années 1999-2001, voilà que l'album *Boucan d'enfer* tient lieu de seconde thérapie pour son auteur. Après *Petit pédé*, les autres chansons du futur CD naîtront, comme par enchantement, surgiront de la plume retrouvée de celui qu'on n'espérait plus. Bien des semaines plus tard, quand le disque sera dans les bacs, Renaud aura retrouvé un tant soit peu d'optimisme. Dans les interviews qu'il donne, le ton change. Au *Dauphiné Libéré*, il déclare: «A la sortie de l'album, j'étais en pleine forme. D'ailleurs, j'étais à Toronto pour le tournage du film. J'avais, par téléphone, suivi la cadence des ventes. J'étais halluciné par le succès du disque. Je suis rentré à Paris, j'ai fait un peu de promo...» Au journal *Sud-Ouest*, il ajoute: «Je reviens de loin, du fond du trou. J'ai digéré mon chagrin d'amour. Je ne bois plus, mais je fume encore. J'ai trouvé un équilibre. Même si j'ai du mal à croire aux histoires d'amour. J'ai cru le mien indestructible et puis il a fini par exploser. Je n'étais pas bien dans ma tête, dans mon corps. Je raconte tout ça dans ce nouvel album.» À *Entrevue*, il explique sa joie de reprendre la plume: «Comme je ne sais que chanter, je me demandais ce que j'allais devenir. Sans la musique, je m'étiole, alors me remettre

à écrire fut le plus grand plaisir de ma carrière. Mettre le mot « fin » au bas d'une chanson et en être satisfait... C'est revenu d'un coup, de manière miraculeuse. J'ai écrit une douzaine de chansons d'octobre à décembre 2001. » En regrettant tout de même un petit peu : « Mon style est un peu plus classique. Il n'y a quasiment plus d'argot. J'avais autrefois une patte plus populaire. Je suis très ému qu'on apprécie autant le nouvel album, mais je préfère toujours *Mistral Gagnant*. » Il justifie aussi son concept de « Renaud-Renard » dans une autre interview, cette fois accordée au journal suisse-romand *Le Matin* : « Comme tout le monde, je suis complexe, double. Moi aussi, j'ai mes fêlures, mes angoisses, mes côtés noirs pas toujours avouables. Ce nouvel album studio sort sept ans après *A la belle de Mai*. Moi, pendant ce temps, je n'ai pas chômé. Après cette *Belle de Mai*, j'ai enregistré un album hommage à l'un de mes maîtres, Georges Brassens, fait une longue tournée acoustique. Mais après cette tournée, la vie m'a foutu une sacrée claque... »

Comment évoquer l'album *Boucan d'enfer*, sorti un beau jour de printemps, le 28 mai 2002, date désormais historique pour les millions d'aficionados qui attendaient le retour de leur idole, sans faire un détour par *la Closerie des Lilas*, cet établissement où les intellectuels de tous bords ont défilé, de tout temps ? Le grand Ernest Hemingway a été de ceux-là. Renaud y a vécu ses pires moments de galère. Mais c'est là aussi qu'il retrouve l'espoir, qu'il écrit ses textes, qu'il fait des rencontres, se nourrit des confidences des autres, se vide des siennes pour espérer un coup de pouce en retour. « Ici c'est mon bureau, ma salle à manger, ma cuisine. C'est ici que j'ai vécu les dernières années de ma vie », déclare-t-il à la *Voix du Nord*. Située dans les beaux quartiers parisiens (près de Montparnasse), l*a Closerie des Lilas* a donc été le lieu où Renaud a établi le lien entre sa période noire, la plus terrible de son existence, et celle qui le ramène dans le royaume des artistes, à sa place.

Symboliquement, c'est là aussi qu'il donne la plupart de ses interviews, à la sortie de son disque. Toute l'atmosphère de ce dernier évolue autour de cette « Closerie », un univers clos où les artistes viennent épancher leurs souffrances, échanger leurs projets, reconstruire le monde à leur façon. Une atmosphère que sait si bien magnifier celui qui a réalisé les illustrations de l'album, Titouan Lamazou, l'artiste-navigateur, qui a donc plus d'un point commun avec Renaud. S'il est, évidemment, au plan sportif, pétri d'un palmarès éblouissant où figurent la plupart des grandes régates de niveau international, il n'ignore pas que Renaud, à bord de sa *Maknovtchina*, a lui aussi été amateur de grand large, même s'il se définissait à l'époque comme un « marin d'eau douce ». Mais, dessinateur, peintre et sculpteur, Titouan Lamazou, qui a aujourd'hui laissé tomber les courses au bout du monde, se reconnaît dans le personnage de Renaud, à la dérive, puis de retour sur les berges de l'espoir. Écorché vif lui aussi, doté d'un regard sur le monde actuel d'une hauteur née de sa fréquentation fidèle et respectueuse des plus grands océans, le navigateur était donc le mieux placé pour donner à *Boucan d'enfer* son côté pictural, sa note personnelle, dans les tons fauves, sachant mieux qu'un autre transcrire, dans le regard du Renaud qu'il croque, la nostalgie, le désespoir, mais aussi le sourire du renouveau. La pochette du disque est d'ailleurs parlante à plus d'un titre. Renaud y est assis à une table de bistrot. Un cendrier (vide ?) et un verre (d'eau ou d'alcool, on n'en devine pas la trace !) trônent face à lui. Le bras gauche relevé, la main droite posée sur un menton barbu, un index tendu sur sa joue, Renaud a le regard vide. Chevelure en bataille, il semble attendre. A-t-il rendez-vous ? Se contente-t-il de rester seul, volontairement éloigné des choses de ce monde ? Le blouson de cuir qu'il porte sur ce dessin montre bien sa volonté de renvoyer au public son image du passé. Renaud rebelle, Renaud Gavroche, Renaud titi parisien, Renaud, tout de cuir vêtu, pas mort ! Les deux ampoules qui brûlent au-dessus de sa tête lui envoient une lumière jaune qui s'harmonise avec la tignasse de l'artiste. L'ambiance est feutrée, à peine devine-t-on une silhouette, sur le bord gauche de la pochette. Celle d'un personnage improbable, qui se tient debout, en attente, peut-être également, de jours meilleurs, ou d'un ami qui va le rejoindre au bar. Curiosité : au cœur du livret, on retrouve la même scène, photographiée celle-là, un flou artistique soigneusement entretenu, mais un puissant rayon de soleil se substituant aux lampes de la couverture pour illuminer le regard songeur de l'artiste. De nombreux portraits – parfois seulement à l'état d'ébauche – illuminent le livret du disque, superbe objet qu'il fait bon toucher, qu'on a plaisir à prendre dans ses mains, tout en laissant tourner dans sa platine la galette argentée qui contient les quatorze nouvelles chansons. Renaud y est tantôt pensif, tantôt rêveur, quelquefois inquiet. On le voit même, une fois, sourire aux lèvres, scrutant d'un air malicieux un horizon découvert, sa guitare entre les mains. Son regard et ses attitudes diffèrent selon l'instant présent, qu'a su saisir avec finesse l'artiste-marin. Pourtant, Renaud n'est pas le seul à apparaître sous le crayon de Titouan Lamazou. La plupart des acteurs de ce disque s'y retrouvent. En premier lieu, la chanteuse belge Axelle Red, qui accompagne Renaud dans la chanson *Manhattan- Kaboul*. On la voit devant un micro, enregistrant ce titre magnifique, Renaud près d'elle. Puis apparaissent les compagnons de galère, ceux qui ont porté Renaud à bout de bras pendant sa dernière tournée : le guitariste Jean-Pierre « Titi » Bucolo et le pianiste Alain Lanty. Non contents d'avoir foulé les planches des deux cents scènes avalées entre 1999 et 2001, ces deux-là ont désiré rester près du copain, de l'ami, composant les musiques et jouant sur le disque. Les autres musiciens sont aussi de la fête, ainsi que les ingénieurs du son. Comme une grande famille, voilà réuni, sous la magie du trait « titouanesque », tout le staff lancé à l'aventure de ce disque triomphal. Et puis, comme une fée, apparaît le doux visage de Lolita. L'amour absolu, la raison d'être de l'auteur de ses jours, celle dont il est « morgane » pour l'éternité, la fille bien-aimée, tant chantée, tant vantée, toujours magnifiée. Le cheveu teinté de brun et de rouge, elle arbore un regard mystérieux, comme perdu dans le lointain, un sourire à peine perceptible, perché au-dessus d'une légende intitulée « Lolita à Bruxelles ». Preuve, s'il en était besoin, de la présence de la fille de Renaud au côté de son père, en l'occurrence sur les lieux mêmes où *Boucan d'enfer* est né, où il a été enregistré, dans la capitale belge. Lolita sera également présente, comme scripte stagiaire, sur le tournage du film dans lequel a joué son père, au printemps 2002, au Canada. Plus que la chanson, dont elle laisse l'exclusivité familiale à Renaud lui-même, c'est sur la voie du cinéma que Lolita Séchan choisit de s'engager. Pas comme comédienne, mais comme technicienne. Elle suit d'ailleurs actuellement des cours en ce sens, à Paris.

Au beau milieu des textes des chansons, soigneusement mis en page, les œuvres de Titouan Lamazou sont une exposition à elles seules. Toutefois, elles ne constituent pas l'unique élément illustratif de ce livret décidément fort joliment travaillé. Des photos y figurent également. Et là, encore, non content de s'être servi de ses crayons et de ses pinceaux, c'est Titouan Lamazou en personne qui s'y est collé, l'objectif pertinent devant les yeux. Outre celle reproduisant la pochette du disque, on trouve le visage de l'artiste, cette fois franchement souriant et moustachu, posé sur deux mots aux points d'interrogation menaçants : Renaud ? Renard ? À voir la mine réjouie qu'il arbore sur ce document, on pencherait volontiers pour la première proposition ! Renard, en revanche, apparaît vraiment quelques pages plus loin : le blouson de cuir noir solidement planté sur les épaules du chanteur, ce dernier, boudeur en diable, glisse sa tête dans la paume de sa main gauche, tenant dans la droite… un verre de pastis qu'on devine bientôt privé de son contenu. Photo qui renvoie à un passé récent, dévastateur, comme le témoin d'un geste (le verre à la main) que Renaud a dû répéter à tant de reprises. Mais la frange blonde, savamment répartie sur le front, rappelle que l'interprète d'*Hexagone* n'est pas mort. On croirait même retrouver, quelque vingt ans plus tard, l'ambiance du disque *Marche à l'ombre*, sorti en 1980, dont la photo – en noir et blanc – affichait un visage rentre-dedans des plus grands jours, mèche rebelle à l'appui.

Les pages glacées – mais si chaudes, pourtant – se laissant tourner tout à loisir, on découvre, au mitan de cette promenade, une autre photo, où Renaud et Axelle Red sourient, le casque aux oreilles. Avec une légende évocatrice : « Renaud Yellow, Axelle Red » ! Mister Renard revient un peu plus tard, allongé sur une banquette, des volutes de fumée fusant vers le plafond, le regard sombre. Sur une double page, à trois reprises, on retrouve ce même personnage, la face cachée – et maintenant révélée – d'un Renaud anxieux, sans illusion aucune, le regard penché vers la table où il semble s'effondrer, un verre à la main ou posé devant lui. Heureusement, plus loin, on le retrouve, guitare sur le corps, le regard bleu tendu vers l'horizon, le visage certes quelque peu boursouflé, mais accordant un léger sourire, son pote Jean-Pierre Bucolo dans son ombre, comme pour le protéger. Et puis, afin de détendre une atmosphère parfois glauque – un comble pour un disque destiné à une renaissance – on voit Renaud, à Londres, traversant une route, foulant les bandes d'un passage pour piéton. Eh oui : clin d'œil humoristique à l'historique pochette du disque des Beatles *Abbey Road* !

Boucan d'enfer a été enregistré en deux étapes : pendant les hivers 2000-2001 et 2001-2002, ce dernier ayant été le plus prolifique, plus des trois quarts des chansons y ayant été mises en boîte. Ce qui fait écrire à Renaud : « Enregistré et mixé aux XXe et XXIe siècles » ! Ce sont les studios ICP, à Bruxelles, qui ont accueilli l'artiste et sa bande, le tout ayant été « masterisé » aux prestigieux studios Abbey Road de Londres, d'où la photo précédemment évoquée. Les musiciens qui ont accompagné Renaud pendant cette aventure ne sont pas les mêmes que pour les albums précédents. L'absence de Jean-Louis Roques, le fidèle accordéoniste depuis tant d'albums et de concerts, a été plus particulièrement remarquée. Parfois, ses accords langoureux avaient également été regrettés lors de la tournée « Un piano, une guitare… et Renaud ». Mais il est vrai qu'à l'époque, Jean-Louis Roques avait été kidnappé par Francis Cabrel pour l'enregistrement de son album *Hors saison* et la

tournée qui avait suivi. Bien sûr, sans surprise, Alain Lanty (piano) et Jean-Pierre Bucolo (guitare) figurent au premier rang des « musicos » de service, ce dernier s'offrant même le luxe d'assurer les arrangements et la réalisation de l'ensemble de l'œuvre. Les deux fidèles compagnons de galère ont d'ailleurs cosigné les musiques des chansons. Car Renaud, s'il s'est retrouvé une vocation d'auteur, s'il a fouillé très loin en lui pour réécrire des textes nouveaux, n'a pu en revanche se remettre à la composition. Mais on s'y tromperait : Jean-Pierre Bucolo, qui connaît son Renaud par cœur, a mitonné des accords et des arrangements rappelant indéniablement le temps où le chanteur écrivait lui-même les musiques de ses chansons. L'« esprit Renaud » est donc préservé, et c'est important, quand on sait que les textes, fondés sur le mal d'amour et le désespoir, risquaient déjà de déconcerter une partie de l'auditoire. Alors, qu'en serait-il advenu si, en outre, les musiques n'avaient pas été ancrées dans un certain classicisme renaudien ? L'œuvre eut été plus difficile à avaler, à digérer, et nul doute que nombre d'admirateurs n'y auraient plus retrouvé leur chemin.
Dominique Grimaldi (basse), Claude Salmieri (batterie), Gwenaël Micault (accordéon et bandonéon) ont apporté leur pierre à l'édifice, tout comme Pierre Bloch au violon et Mick Larie à la mandoline. Près d'eux a pris place un habitué des studios, un « requin » de la variété française, le percussionniste Denis Benarrosh, déjà vu sur de nombreuses scènes, dont les moins célèbres ne sont pas celles fréquentées depuis tant d'années par l'ami Francis Cabrel. Dans son petit message de remerciements, comme en signent désormais la plupart des artistes, Renaud ne manque pas de saluer Dominique et Lolita, « pour leur fidélité et leur amour ». D'ailleurs, comme si la vie avait suivi son cours normal, comme si les événements graves survenus au cours de ces dernières années n'avaient pas existé, le disque *Boucan d'enfer* est dédié à sa fille et à son ex-épouse. Comme tous les précédents l'avaient été et comme, sans aucun doute, les suivants le seront. Cette dédicace constitue une

véritable marque déposée, un label qui scelle immanquablement les disques successifs de l'artiste, qui servent de fil rouge à une carrière discographique désormais riche d'une vingtaine d'albums.

Le paradoxe le plus éclatant à la parution de *Boucan d'enfer*, c'est que la renaissance de Renaud découle d'une période des plus tristes. C'est que la misère a accouché d'un renouveau, que la douleur a entraîné la félicité. Revenant au premier plan avec des chansons pour le moins mélancoliques, il retrouve pourtant la joie de vivre en constatant que son public ne l'a pas lâché. Mieux: que les nouvelles générations le découvrent, et l'identifient immédiatement aux grands poètes-chanteurs du passé. Un fan m'a confié, récemment: « Il y a deux façons d'envisager *Boucan d'enfer*. On peut le voir simplement, au premier abord, comme un nouveau disque de Renaud, qu'on se doit d'acheter, comme on acquiert, presque systématiquement, le nouveau livre d'un grand écrivain, ou du titulaire d'un prix littéraire. Surtout qu'on n'avait pas vu arriver de nouvel album studio depuis 1994, d'où une évidente impatience. Mais on peut le ressentir aussi comme un ensemble de textes qui nous parlent, qui nous ressemblent, qui nous renvoient à nos propres problèmes, à notre mal de vivre. Après tout, rien de plus courant que des hommes tombant dans le désespoir et dont la femme les quitte. Ce disque, on peut le comprendre comme une tranche de vie, qui n'est pas seulement celle de Renaud, mais de la nôtre. Il y a là un véritable phénomène d'identification. On se dit « tiens, ça pourrait m'arriver », ou « c'est exactement ce qui vient de m'arriver ». En fait, nous sommes tous concernés ». Alors, le chantre des années de rébellion, post-soixante-huitardes, serait-il devenu subitement l'apôtre de tous les malheurs, l'ange-gardien des idées noires, le saltimbanque du vent mauvais, des tristes jours ? Provisoirement, oui, serait-on tenté d'affirmer, puisque Renaud avoue lui-même que son prochain album – parce qu'il en parle déjà, ce qui est plutôt bon signe – marquera sans doute son retour vers une expression plus « politique », un message plus engagé.

Quatorze chansons. Ciselées, finement travaillées. Avec des textes pourtant écrits dans d'immenses moments de détresse et des musiques parfaitement adaptées aux ambiances qu'ils véhiculent. De quoi régaler les amateurs de bonne chanson française, les adeptes de jolis mots et de mélodies aux petits oignons. A priori, tout pour connaître le succès, pour accéder au sommet des palmarès de ventes. Ce qui sera le cas, une semaine tout juste après sa sortie, événement jamais gagné d'avance, à une période – la fin du printemps – où le public s'oriente traditionnellement plus volontiers vers les habituelles sucreries estivales, dont nous abreuvent avec tant de véhémence radios et télés. Certes, on ne dansera pas sur *Manhattan Kaboul* et encore moins sur *Cœur perdu*. Nulle discothèque tropézienne n'entraînera sa clientèle dans ses folles nuits d'été en lui diffusant jusqu'à plus soif *Baltique* ou *Mon nain de jardin*. Et pourtant, le constat est simple, immédiat : *Boucan d'enfer* bat les records, vide les bacs des disquaires et des grandes surfaces avec un temps de réponse ultrarapide. Sans pour autant que Renaud en vante les mérites en bombardant de sa présence les plateaux de télévision. A ce titre, seul Michel Drucker sur France 2 – et dans de moindres proportions Marc-Olivier Fogiel sur France 3 lui consacreront une émission spéciale. Drucker, grand ami du chanteur, prend visiblement un grand plaisir à inviter Renaud dans le cadre de son émission hebdomadaire du dimanche après-midi. L'événement a lieu le dimanche 23 juin 2002, même si l'émission a été enregistrée bien avant, plus précisément le 26 avril de la même année. Des proches du site web HLM de Renaud ont même le privilège d'y assister, en bonne place. Sur internet, quelques jours plus tard, ils étalent leurs réactions : « On nous a expliqué qu'on nous montrerait quand il faudrait applaudir mais, franchement, cela aura été complètement inutile ! Les applaudissements se sont déclenchés tout seuls et sans grands efforts », témoignent-ils, encore tout à leur enthousiasme. Avant d'ajouter : Pour notre plus grand plaisir, Axelle Red et Renaud chanteront trois fois *Manhattan Kaboul* :

deux répétitions et un enregistrement. *Docteur Renaud, Mister Renard* est aussi au programme, de même qu'un medley avec Hugues Aufray, où la voix de Renaud passe moins bien. Ils s'y prendront à plusieurs reprises, et à un moment donné, Michel Drucker les interrompt en disant: « Il faudrait recommencer, Renaud a eu un p'tit oiseau. » À quoi l'intéressé répondra: « Non, c'est ma voix pourrie de d'habitude ! ». Ces internautes, comme les millions de téléspectateurs de la France entière, découvriront le même jour les talents cachés de Renaud: auteur-compositeur-interprète, on savait. Comédien, depuis *Germinal*, on en était conscient, mais sculpteur, tout le monde l'ignorait. Sauf les amis de Georges Brassens qui ont demandé à Renaud de réaliser une de ses œuvres, dédiée au grand homme, une sculpture qui, depuis, trône en belle place dans l'impasse Florimont, à Paris, là où le poète éternel a vécu de fameuses années chez la Jeanne, personnage incontournable de son œuvre. À la même époque, dans l'émission de Marc-Olivier Fogiel, Renaud se confessera avec beaucoup de pudeur, jurant qu'on ne l'y reprendrait plus, que sa période teintée de jaune était désormais inscrite dans son passé. C'est là aussi qu'un ton amer dans la voix, il avait déclaré, évoquant le séisme politique survenu au soir du 21 avril, où le leader du Front National, Jean-Marie Le Pen, a accédé au deuxième tour des élections présidentielles: « C'est à désespérer de tout. À quoi cela a-t-il servi que je chante *Hexagone* pendant vingt-cinq ans pour en arriver là ?... »

Mais revenons au disque, *Boucan d'enfer*, un titre détonnant, qui fait peur et inquiète. Un bout de phrase que Renaud a découvert – anecdote cocasse – dans les toilettes du regretté Pierre Desproges. L'humoriste y avait en effet affiché une citation de Jacques Prévert: « On reconnaît le bonheur au bruit qu'il fait quand il s'en va. » Une phrase assassine, lourde de conséquences pour qui la vit en direct. Et qui a servi de base à la chanson titre, placée pudiquement en 10e position dans l'album. Une chanson d'une noirceur torride, d'une tristesse désespérante. Où ne paraît pas même une lueur d'avenir scintillant, pour qui a le « cœur qui ressemble à Tchernobyl », et « la vie à Hiroshima ». Un texte qui passe en revue ce que l'homme peut avoir de plus négatif dans le fond de l'âme. Où Renaud décrit l'amour qu'il a pour Dominique, « un bonheur grand comme la terre, même plus grand qu'ça, grand comme tous les volcans d'Auvergne, comme un palais de Maharadjah, comme le trésor dans la caverne d'Ali Baba ». Où, également, il est pris de compassion pour ses amis qui doivent le supporter à ses pires moments de dépression : « Bientôt, z'en auront plein les bottes, de m'voir pleurer. Parce que dans ces cas-là, mon pote, tu te fous de la dignité, quand tu sais qu'tes amours sont mortes, à tout jamais. » Des amis, qui, pourtant, n'ont jamais abandonné l'artiste, l'ont accompagné dans sa quête d'absolu négatif, et l'ont, échelon par échelon, aidé à revenir à la surface, à redevenir lui-même. Et puis, tristes cerises sur l'effrayant gâteau que voilà, deux phrases en forme de couperet : « J'ai plus qu'une envie, c'est mourir, mais ça s'fait pas », et « Pourtant, y'a bien pire que mourir, y'a vivre sans toi… » La première, Renaud l'atténuera dans les interviews accordées ici et là à la sortie du disque : « En fait, au pire de ma dépression, je ne désirais pas vraiment mourir, je voulais juste ne plus vivre. » Quant à la dernière, elle se passe de commentaires…

On se dit que le choix de placer *Boucan d'enfer* dans la deuxième moitié de l'album est plutôt judicieux. Commencer par ce cri de désespoir eut été une entrée en matière beaucoup trop sinistre. Et on ne regrette aucunement que Renaud ait choisi de lancer son nouvel opus par une chanson au rythme nerveux, où, d'entrée, il dévoile sa double personnalité : *Docteur Renaud, Mister Renard*. Dont il parlera à une journaliste de l'hebdomadaire *Marianne* en ces termes : « Cette chanson décrit ce que je suis, ou en tout cas ce que j'ai été : le gentil chanteur et le vilain pochtron. L'enthousiaste et le désabusé. Le rebelle et le cynique. L'ange et le démon. Et plus généralement l'ambivalence de tout un chacun. Tout le monde a sa part d'ombre. Je ne vois pas pourquoi un artiste, qui a le beau rôle parce qu'il est souvent dans la lumière, ne ferait pas état de ses travers les plus noirs. Et puis, les gens gris sont sans intérêt. » Renaud-Renard est comme Gainsbourg-Gainsbarre, dont il revendique la paternité dès le tout premier vers de la chanson. D'un côté, celui qui « ne boit que de l'eau », l'autre qui « carbure au Ricard », celui qui a « un côté blanc », et l'autre « un côté noir ». Celui, encore, qui « rejoint son plumard », opposé à celui qui « s'écroule dans le caniveau ». Et, immanquablement, Renaud mêle sa rupture d'avec Dominique à cette histoire de double personnalité troublante. Car « Aujourd'hui, son amour se barre, son bel amour, sa Domino, elle quitte le vilain Renard, mais aimera toujours Renaud ». D'entrée, le ton est donné : on sait à quoi s'en tenir. Les informations qui circulaient les mois précédents sur internet étaient bien exactes : Mister Renard est bel et bien là, même si désormais, Docteur Renaud a voulu le chasser de son existence. A partir de cette chanson, tout est dit, ou presque. Renaud vient de se présenter lui-même. Il vient de nous dire : « Voilà qui je suis aujourd'hui. » Ou : « Voilà celui que je ne voudrais plus être demain. » C'est à lui de choisir : son avenir nous dira qui, de Renaud ou de Renard, a gagné la partie. En tout cas, les deux ont la cote, d'une certaine façon on les aime tout autant l'un que l'autre, celui qui « se méfie des pétards et du chichon qui rend idiot », et celui qui « se les roule, peinard, pour s'exploser le ciboulot ».

L'album à peine entamé, on a soif de passer à la suite. On craint déjà que Renaud ne monte en puissance dans la face obscure de sa vie. On s'en doute un peu, déjà, en consultant les titres des chansons, au dos de la pochette : *Je vis caché*, *Cœur perdu*, *Tout arrêter* ou *Mal barrés* n'incitent guère à l'optimisme. On sait, rien qu'à la lecture de ces noms de baptême, que le ton sera grave. Mais, basta ! On ne pouvait tout de même pas s'attendre à un disque joyeux, à écouter en se jetant des cotillons, un soir de Noël.

Dans les chapitres suivants, consacrés à l'étude de la vie de Renaud à travers les thèmes de ses chansons, nous aurons l'occasion de croiser à nouveau les textes de l'album *Boucan d'enfer*. Une occasion de constater que Renaud a fait du chemin, pas toujours droit, certes, en titubant parfois, concédons-le, mais un bon bout de route tout de même, pendant toutes ces années de carrière. Attardons-nous donc plutôt sur les chansons traitant de sa période récente. Car *Mon nain de jardin* trouvera naturellement sa place dans la partie consacrée à la banlieue parisienne, et à l'attirance que Renaud a toujours eue pour elle. *Baltique*, où il rend un vibrant hommage à François Mitterrand en donnant à son labrador le privilège de la parole à la première personne du singulier, s'introduira idéalement dans le chapitre «politique». au même titre que *L'Entarté*, où le philosophe Bernard-Henri Lévy reçoit une volée de bois vert (en plus de la tarte narrée ici), et *Corsic'Armes*, où l'ex-leader du mouvement nationaliste corse A Cuncolta, François Santoni, un temps ami du chanteur, avant de se faire assassiner en août 2001, est évoqué avec respect et tendresse, la chanson étant même dédiée à sa compagne Christel.

Nous avons vu que *Petit pédé* avait constitué le détonateur, la rampe de lancement vers l'écriture d'un nouveau disque dont les titres suivants avaient découlé. Avec des mots crus, «enculé», «cul» ou «tarlouze», Renaud décrit l'univers d'un jeune homosexuel venu de son village campagnard natal, où il ne fait pas bon s'inscrire dans une marginalité sexuelle encore repoussée, où «les gens te traitaient pire qu'un chien». Pour finalement débarquer dans la capitale, où, peut-être un jour «tu trouveras un mec, un moustachu ou un gentil» avec qui «vous rêverez peut-être d'un enfant». Les provinciaux apprécieront: les homosexuels ne peuvent-ils vivre en paix qu'à Paris ? Sûrement pas, mais Renaud pourra toujours rétorquer qu'il a dressé, dans cette chanson, le portrait d'un cas précis, d'un ami qui a vécu cette aventure, qui n'est donc pas le reflet d'une généralité. Au moins, ce thème délicat aura-t-il été abordé, ce qui a rarement été le cas dans toute l'histoire de la chanson française (Aznavour et Sardou s'y sont déjà aventurés), ou, parfois, le sujet a été malmené, ridiculisé, et a contribué à laisser à l'abandon celles et ceux qui, aujourd'hui encore, sont trop souvent victimes du regard des autres. *Petit pédé* n'est sans doute pas la meilleure chanson de l'album : mais elle a le mérite – et même le courage – d'exister, c'est bien là l'essentiel. Car, mine de rien, elle se termine par une note optimiste, quoiqu'un tant soit peu conventionnelle : « Seul l'amour guérit tous les maux, je te le souhaite et au plus tôt. »

En effeuillant cet album passionnant, l'œil – et l'oreille – s'attardent ensuite sur deux titres plus intimistes, plus intérieurs, plus personnels. D'abord, le tonitruant *Je vis caché*, où Renaud retrouve sa verve d'antan tout en évoquant, immanquablement, son passé le plus frais. Le chanteur fustige, en vrac, les journaux et les radios : « les nullos de la bande FM, rois de la musique ringarde ». Mais aussi la « jet-set », les « cocktails, les dîners, les mondanités imbéciles ». Ou encore ceux qui s'engagent en politique, qui défilent dans la rue pour protester, et qui font dire à Renaud : « A part peut-être José Bové, qui pourrais-je jamais aimer ? », ce qui fait de lui le premier chanteur signalant la présence dans le panorama politique, au sens large du terme, de ce singulier personnage, adversaire acharné de la malbouffe – il a même séjourné en prison une bonne partie de l'été 2002 au nom de cette cause –, et défenseur de l'agriculture « propre ». Une nouveauté – et encore une exclusivité à ce jour – puisque personne, avant Renaud, ne s'était encore aventuré à vanter les mérites de ce personnage controversé, à la sincérité évidente, mais à la propension, parfois agaçante, à manier les médias, de plus en plus clairement démontrée au fil du temps. Mais ce n'est pas tout : dans *Je vis caché*, Renaud tire à boulets rouges – et là encore il est à ce jour le seul à l'avoir osé – sur les émissions télévisuelles de pseudo-variétés, où le néant sert d'excuse, où le manque de talent est porté aux nues, où le rêve de réussite est distillé comme une délicieuse confiture à l'orange à une génération béate. Renaud parle de *Loft story*, mais il résume aussi son sentiment dans ces vers :

« Très loin des stars académiques, et des Pop stars de mes deux, qui sont un peu à la musique, ce que le diable est au bon Dieu. » Tout est dit. Mais permet surtout à Renaud de se justifier, quand il affirme : « Pour vivre heureux, je vis caché, au fond de mon bistrot peinard. » Le chagrin d'amour n'est pas directement mis en cause dans cette chanson. Mais il est sous-jacent quand l'artiste narre la passion qui l'a saisi de passer le plus clair de son temps assis sur la banquette d'un débit de boissons, devant un verre de pastis. Une passion dévorante, comme on le sait, mais qui, à travers ce texte, a le mérite de permettre à Renaud de prendre de la hauteur par rapport à tout ce qui lui semble superficiel, notamment dans ce bon vieux monde du show-biz, où, décidément, tout se met à tourner à l'envers.
La seconde chanson évoquée plus tôt se trouve enchaînée, dans l'album *Boucan d'enfer*, avec *Je vis caché*. Elle s'intitule *Cœur perdu*, ce qui ne laisse, d'entrée, planer aucun doute sur la finalité visée ici. On va y entendre parler d'amour brisé, de « cœur en miettes, en détresse, en compote, en morceaux, en lambeaux, au fond des bottes ». Tout en rendant une fois de plus hommage à la femme de sa vie (son cœur « a aimé bien longtemps, la plus belle de tous les temps »), Renaud confie sa détresse, son mal d'être, avec une évidente sincérité désabusée. Il semble même s'adresser à quelque compagne de passage, lui déclarant tout de go : « Si tu veux, je t'offre ce cœur perdu, qui n'aimera jamais plus, ou si peu. » Là encore, aucune place n'est laissée à une possible lueur d'espoir. Ce qui a été brisé est irrévocable, il ne fera jamais machine arrière, il reste sur un cruel échec mais ne tentera jamais de se lancer dans une nouvelle aventure amoureuse, au risque d'offrir un cœur « un peu naze, un peu d'occase, un peu cassé » à une improbable amie provisoire. Moralité : rien ne va plus dans le pire des mondes, et l'amour, mort à tout jamais, ne doit plus figurer – ou seulement en termes désespérés – dans le vocabulaire renaudien. Le message est bien reçu, qui peut être interprété par de jeunes cœurs

brisés, comme par des chevaux de retour, « à quarante ans bien sonnés », dont l'existence ressemble à la sienne. On retrouve à peu près le même fatalisme exacerbé dans *Tout arrêter*, un titre qui – une fois de plus – en dit long. Faute d'amour, Renaud y affirme qu'il a abandonné sa passion pour la mer et les bateaux, pour « la mob, le roller, le vélo », mais aussi – plus radicalement – pour son travail (« j'ai arrêté un jour d'exercer mon boulot »). Et, ce qui est plus grave encore chez lui, les idéaux dont il a tant dressé le portrait dithyrambique au cours de sa carrière. Ainsi, il ne donnera plus son « obole aux Restos », de quoi faire bondir, au paradis des artistes, le fondateur de cette action humanitaire – les Restaurants du cœur – solidement implantés en France depuis 17 ans, son ami Coluche, qu'il a tant pleuré à travers *Putain de camion*, peu de temps après sa mort, un triste après-midi de juin 1986. L'œuvre de celui qui était aussi le parrain de Lolita ne compte plus dans ses rangs le fidèle compagnon des débuts. La preuve : depuis plusieurs années, Renaud s'est arrêté – mais peut-être sa situation personnelle l'y a-t-elle incité – de participer au gala annuel des « Enfoirés », ce vaste rassemblement de chanteurs et comédiens français qui, chaque année, consacrent une soirée – voire une tournée – au profit des Restos. La longue silhouette de l'auteur de *Boucan d'enfer* n'apparaît plus, de fait, aux côtés de celles des « Enfoirés » les plus illustres que sont Jean-Jacques Goldman, Alain Souchon, Francis Cabrel, Muriel Robin, ou, plus récemment, Florent Pagny ou Pascal Obispo. Ce qui ne l'empêche pas, on n'en doute pas une seule seconde, de garder en son cœur une part évidente de sympathie pour ce mouvement populaire né au milieu des années quatre-vingt, à laquelle il n'a pu qu'être impliqué, de par son amitié indéfectible pour Coluche d'une part, et pour son sens inné de la solidarité à l'égard des plus démunis, d'autre part. Tout ceci pour rappeler que si Renaud tonne dans *Tout arrêter* qu'il a perdu le goût de l'idéal, il n'en remet pas moins sur le plateau son sempiternel thème du chagrin d'amour en terminant son refrain par cette phrase répétitive et languissante : « Mais jamais je n'arrêterai de t'aimer», en réponse à cette autre: «Je n'ouvre plus mon cœur qu'à mes potes, au bistrot, et à mon bel amour qui me quitte bientôt.»

Autre chanson empreinte du mal de vivre et d'un découragement maladif: *Mal barrés*. Cette fois-ci, Renaud ne se contente plus d'avancer l'hypothèse selon laquelle l'amour – ou plus exactement la vie de couple – est sans issue. Il incite les jeunes amoureux à se méfier de l'avenir, à prendre garde aux aléas de l'existence qui les guettent. On relève ici des similitudes troublantes avec la célèbre chanson de Georges Brassens, *Les amoureux des bancs publics* qu'il a d'ailleurs reprise dans son album hommage au poète éternel, sorti dans les bacs, et avec quel succès, en 1995. «Quand les mois auront passé, quand seront apaisés leurs beaux rêves flambants, quand leur ciel se couvrira de gros nuages lourds, ils s'apercevront, émus, que c'est au hasard des rues, sur un de ces fameux bancs, qu'ils ont vécu le meilleur morceau de leur amour», chantait Brassens, évoquant ainsi «les amours débutants». Renaud reprend cette thèse, la fait sienne, avec ses mots à lui. Les bancs publics sont devenus des «banquettes de bistrots de banlieue», où les jeunes amoureux «se roulent des pelles à qui mieux mieux». Il imagine ceux-ci «vingt ans plus tard», et ça lui «fout un cafard à couper au couteau». De même, Brassens écrivait: «Ils se prennent par la main, parlent du lendemain, du papier bleu d'azur qui revêtiront les murs de leur chambre à coucher», et: «Ils se voient déjà, doucement, elle cousant, lui fumant, dans un bien-être sûr, et choisissent les prénoms de leur premier bébé.» Renaud reprend le même argument quand il répond: «Un petit couple d'amoureux se regarde dans les yeux, et parle d'avenir, une vie en rose et bleu, que des moments heureux, de la joie, du plaisir», tout en pensant «à la vie quotidienne» et «au poids des chaînes, qui détruisent l'amour». «La vie est bien dégueulasse», lâche-t-il, car «un beau jour les filles se cassent, et voilà», décliné en «un beau jour l'amour se lasse, c'est comme ça», ou encore en «un beau jour l'amour se casse,

comme toi », ramenant Dominique au centre de la chanson, tout en ne faisant allusion à son ex-épouse que dans le dernier vers de la chanson. Mais comment croire vraiment à cette sentence : « Le bonheur reste toujours l'affaire de quelques jours, pas d'une vie entière » ? Renaud en serait-il à ce point ? Aurait-il glissé dans des abîmes si insondables qu'au bout du compte, il puisse en venir à prétendre qu'aucune forme d'amour durable ne soit possible en ce bas monde ? Je ne le pense personnellement pas. Lui qui a vécu une liaison sans ombre pendant près d'un quart de siècle paraîtrait alors mal placé pour en être si sûr. Alors, Renaud donneur de leçons ? Renaud moralisateur ? Renaud, prophète, qui décoche des flèches venimeuses contre la finalité même du plus noble des sentiments ? Cela reste à prouver…
Dernier titre d'un album noir mais brillant : *Mon bistrot préféré*. Peut-être le plus abouti de l'œuvre. Un point final à un *Boucan d'enfer* qui n'a pas fini de retentir, mais qui, ici, atteint une note jubilatoire, certes mélancolique, mais porteuse d'une véritable attente, comme d'un espoir : « Si demain la faucheuse vient me prendre la main, pourvu qu'elle me conduise au bistrot des copains. » Pas gai, tout cela, est-il possible de rétorquer ! Mais comment ne pas mourir d'envie – avant l'arrivée de cette inquiétante faucheuse – à l'idée de flâner dans un bistrot aux pensionnaires aussi fameux que Boris Vian, Maupassant, Bruant, Desproges, Reiser et Tonton (François Mitterrand, vous l'aurez deviné !) ? Ou encore Frédéric Dard (alias le commissaire San-Antonio, parti au cœur de l'année 2000 conter fleurette aux anges, du beau sexe de préférence), le « vieux » Boudard, Michel Audiard, Marcel Pagnol, le grand photographe Robert Doisneau. Ou encore l'immortel Serge Gainsbourg, les chanteurs Bernard Dimey et Boby Lapointe, puis Jacques Rigaut, Franquin, Jean-Pierre Chabrol, Jacques Prévert « et son mégot », et les comédiens Maurice Ronet et Patrick Dewaere. Difficile d'imaginer plus belle distribution, et rassurant d'envisager l'existence d'un paradis, sous la forme d'un bistrot, où l'on pourrait tout à loisir rencontrer ces personnages incontournables, disparus récemment où à des époques

oubliées ! Renaud a-t-il envie de les rejoindre, maintenant ? Nous ne pouvons que lui donner un avisé conseil : qu'il ne soit pas trop pressé d'aller converser avec ceux dont il évoque ici la mémoire avec autant de brio et de nostalgie, en dressant un véritable inventaire… à la Prévert. En écoutant, pour la première fois, ce titre numéro 14 de l'album *Boucan d'enfer*, je n'ai pu m'empêcher de repenser à celui d'Henri Tachan, un autre grand de la chanson française – malheureusement trop méconnu – qui disait en substance : « Ce soir c'est fête, ce soir j'ai invité Mozart, Beethoven, Schubert et Rossini. » L'ami Henri avait ainsi, lui, et bien avant l'heure, créé son propre « bistrot préféré », le transposant à son domicile, un quart de siècle avant Renaud.

Difficile de clore cette partie consacrée à l'étude du dernier disque en date de Renaud sans s'arrêter sur *Manhattan Kaboul*, interprétée en duo avec Axelle Red. Le plus grand succès commercial de l'album, assurément, à égalité avec le fameux *Docteur Renaud, Mister Renard*. Car si Renaud a été le premier à citer José Bové, il est aussi celui qui, avant les autres, a consacré tout un texte aux événements du 11 septembre 2001 à New York, choisissant un angle « à la Renaud », sans prendre véritablement parti, tout en dénonçant bon nombre d'injustices. D'un côté, un petit Portoricain « bien intégré, quasiment New-Yorkais », qui sombre corps et âmes, un 747 s'explosant dans ses fenêtres. De l'autre, une petite fille afghane, qui n'a « jamais entendu parler de Manhattan », et dont le quotidien est « la misère et la guerre ». Entre eux, aucune rencontre possible : ils sont « deux étrangers au bout du monde, si différents », avec, toutefois, un point commun irréversible : ils sont « pulvérisés sur l'autel de la violence éternelle ». Renaud, qui, lors de manifestations en mai 1968, au cœur de la guerre du Vietnam, clamait haut et fort « Pour Nixon le glas ? », aurait eu beau jeu de se réjouir de l'atteinte causée à l'Etat américain, surpuissant et gendarme du monde. De dire, en quelque sorte : « A chacun son tour de détruire l'autre. » Eh bien, non. Car s'il fait dire à son Portoricain : « Ce pays que j'aimais tellement, serait-il finalement colosse aux pieds d'argile ? », il fait répondre à l'Afghane – interprétée joliment par la rousse chanteuse belge – : « Mon ciel si bleu est devenu orage, lorsque les bombes ont rasé mon village. » Écorchant vif, au passage, « l'Islam des tyrans », qui, c'est probable, n'ont « jamais lu le Coran ». Tout ceci pour en arriver à une conclusion reprise en chœur par les deux interprètes : « Les dieux, les religions, les guerres de civilisation, les armes, les drapeaux, les patries, les nations, feront toujours de nous de la chair à canon. » Voilà revenu le Renaud accusateur, le Renaud dénonciateur, le Renaud agressif, doté d'un mordant qui fleure bon ses premières années de carrière. Seule véritable chanson engagée de l'album, *Manhattan Kaboul* constitue une parenthèse au sein d'une œuvre intime. Enfin, Renaud, comme à l'époque de ses chansons « politiques » ou « sociales », sort de son propre personnage, en redevient un autre, et décline le thème de la violence et de la guerre avec des mots taillés dans la roche. Comme un souffle d'air frais – pourtant recouvert de fumée – au beau milieu d'un opus taillé à la mesure de ses déboires récents. Nous l'avons vu, le temps de réponse du public à l'égard de ce *Boucan d'enfer* a été réduit à sa plus simple expression. Dès le 28 mai 2002, et au cours des semaines qui suivent, on s'arrache le Renaud nouveau. On se dit : « Enfin ! » On hisse la statue fatiguée du troubadour de la fin du XXe siècle sur un piédestal qu'il n'aurait jamais dû quitter. L'avenir, désormais, semble lui appartenir. Ce disque relance l'artiste, le propulse une fois de plus au firmament des poètes.

Même le « single » comportant la chanson *Docteur Renaud, Mister Renard* cartonne dans un créneau où, pourtant, les styles musicaux plus « légers » obtiennent d'habitude de meilleurs résultats que ce style de chansons à texte. Succès inespéré, par son auteur lui-même, d'ailleurs, d'un disque qui aurait pu, par sa tonalité renfermée et moribonde, surprendre plus d'un fan et en agacer d'autres. La renaissance de Renaud n'aura donc pas été un coup de marketing, mais bel et bien un essai transformé au plan artistique, avec de vraies paroles, superbement construites, et des musiques qui leur collent à merveille. Mais, son retour n'étant décidément pas une vaine idée, et s'inscrivant visiblement dans la durée, le chanteur va faire coup double. Retour au monde du disque, bientôt à la scène, mais aussi retour au cinéma. Depuis 1993, on attendait Renaud dans les salles obscures. Mais le *Germinal* de Claude Berri n'avait, jusque-là, pas eu d'enfant. Quelque peu déconcerté par la nomination qu'il espérait pour la cérémonie des Césars, et qu'il n'a finalement pas obtenue, Renaud avait un temps envisagé de jouer le rôle du poète François Villon, mais y avait renoncé. Et ce ne sont pas les récents passages de son existence qui incitaient le public à penser qu'un jour, on reverrait sa tignasse jaune sur un grand écran. Pourtant, tout comme pour le disque *Boucan d'enfer*, le miracle a lieu. Voilà Renaud engagé dans le casting du film *Crime Spree*. Et en bonne compagnie, parole ! Gérard Depardieu, le compagnon des débuts au café-théâtre, devenu une star mondiale du cinéma, Johnny Hallyday, l'idole de toujours, inusable sexagénaire, et Harvey Keitel, l'inoubliable interprète de *La leçon de piano* figurent aussi au générique ! Pendant le mois de mai 2002, Renaud part à Toronto pour le tournage d'un film où, au même titre que ses partenaires, il joue le rôle d'un voyou loser, incapable de réussir le moindre « coup ». Renaud témoigne lui-même : « Cela a été une belle aventure, avec des gens formidables et un très bon réalisateur. Il m'a fait un rôle sur mesure : pas trop de dialogues, pas trop à faire mes preuves de comédien. » C'est même, là-bas, en plein Canada, qu'il fête ses cinquante ans, le 11 mai 2002. C'est de là-bas aussi qu'il supervise la sortie de *Boucan d'enfer* et qu'il apprend le succès immédiat de son nouveau disque. Tout va bien, donc, pour Renaud, lorsque le printemps illumine le pays. Disque et cinéma : la recette idéale pour vous redresser un artiste écorché et meurtri.

Mais un tel redémarrage dans la vie d'artiste ne peut rester sans lendemain. Et, immanquablement, la case « tournée » s'inscrit au pendant de la page « nouvel album ». Un classicisme qu'il se doit d'observer et de respecter, même si, lors de son précédent tour, il avait dérogé à la règle en ne chantant que ses titres historiques. Mais le contexte n'est plus le même. Plus question, la forme et la notoriété revenues, de s'abandonner à une tournée acoustique. Il faut du grand, du sensationnel, du lourd, façon Zénith 1984, 1986 ou 1988. Renaud, flanqué de son inséparable Renard, doit frapper fort. Le site HLM, consacré au chanteur, annonce le premier la configuration de cette nouvelle série de concerts, dès le début de l'été. « Cette tournée sera complètement différente de la précédente, et se composera d'une importante infrastructure faite pour de grandes salles. Le décor sera très important et sera probablement la reconstitution d'une place de village un jour de 14 juillet ! Suivra une tournée en France, Belgique, Suisse et Québec, soit 120 dates qui sont déjà envisagées, et qui durera environ un an et demi. Un enregistrement de cette tournée sera fait, et un DVD devrait sortir ensuite, enfin normalement ! » A raison de trente-quatre euros la place, les premières dates prévues au Zénith de Paris, juste avant Noël 2002, s'arrachent comme des petits pains, plus de six mois avant les soirées fatidiques. C'est clair : le public, déjà heureux d'avoir réentendu la voix de Renaud, veut maintenant le retrouver sur scène, l'applaudir, le voir en chair et en os. La tournée, pourtant, ne débutera pas à Paris, mais à la salle polyvalente de Laval, le 3 décembre 2002. Et Renaud donnera une dizaine de concerts avant de retrouver sa salle fétiche, celle qu'il a été le tout premier à faire vibrer, dix-huit ans plus tôt. Mais le succès sera tel que de nouveaux concerts seront programmés pour la fin du mois de janvier 2003, puis pour les cinq derniers jours du mois de mars. Avec le même engouement : très vite, plus moyen de se procurer les précieux billets ! Il sera intéressant, alors, d'établir un parallèle, avec ses premières prestations dans cette salle parisienne, qui avaient été données du 17 janvier au 5 février 1984. Au temps où la place était à 75 F ! Et où, évoquant l'inauguration officielle du bâtiment, survenue quelques semaines auparavant, en présence

du président de la République, mais aussi de ses collègues Jacques Higelin et Charles Trénet, Renaud dira, chaque soir, à propos de sa rencontre avec François Mitterrand: «Je lui ai proposé la création d'un impôt sur la connerie», avant d'enchaîner sur *Hexagone*…
Souvenirs, souvenirs, d'une tournée qui débutait aux accords de *Dès que le vent soufflera* et se terminait avec *Dans mon HLM*, la chanson la plus longue du répertoire de Renaud et qui, sur scène, l'était plus encore. Les fans de l'époque n'ont pas oublié qu'avant de quitter définitivement la scène, Renaud rassemblait ses musiciens pour un ultime salut au public. Classique et théâtral, mais toujours efficace. Après tout, la masse de celles et ceux qui viennent d'acclamer l'idole deux heures durant a bien le droit elle aussi à son hommage, et Renaud ne se fait pas prier pour le lui rendre. Près de vingt ans plus tard, la même ferveur se sera abattue sur cette salle du Zénith parisien. Comme ce sera le cas pour celles, entre autres, de Laval, Niort, Epinal, Annecy, Grenoble, Le Mans, Rennes, Orléans, Rouen, ou Strasbourg, Nancy, Valence, Nice, Marseille, Montpellier, Le Havre, Dijon et Genève qui – la liste est citée en vrac – seront les premières à accueillir la résurrection scénique de celui qui s'était autobaptisé jadis «la chetron sauvage».
Voilà: les dés sont jetés. Renaud est revenu, Renaud va continuer. De *Boucan d'enfer* à la tournée 2002-2003 (plus, peut-être ?), en passant par le film *Crime Spree*, les balises sont placées. Celles d'une carrière sur le retour, prête à redécoller pour séduire encore et toujours de nouvelles générations de fans, et rassurer la meute des anciens. Le passé récent – et parfois peu reluisant – du chanteur désabusé est maintenant révolu. Raison de plus pour se pencher à nouveau sur les années glorieuses, où, thème par thème, nous allons partir à la découverte d'un artiste qui, quoi qu'il arrive, ne fera jamais rien comme tout le monde…

Une vie en chansons

Voilà donc dans quel état apparaît Renaud, son retour tonitruant aux sommets de la chanson française ayant succédé à une période si dure qu'elle aurait très bien pu l'avaler, le broyer. L'état des lieux est dressé. Après la galère, la renaissance. Mais le présent – glorieux et encore douloureux à la fois – n'effacera jamais le passé, ni les premières années d'une carrière peu commune. Il est donc temps de partir à la découverte de Renaud Séchan, chanteur de variétés. Plongeons allègrement vers ses premiers univers : l'amour de Paris, puis de la banlieue, à qui il consacre bon nombre de ses primes chansons. Flânons vers les bistrots de ses débuts, bien avant la Closerie des Lilas et ses relents de pastis. Approchons-nous de ces personnages pittoresques et improbables (Gérard Lambert en est un exemple reluisant !) que l'auteur fait naître au bout de sa plume acérée. Puis, allons plus loin : découvrons ses premières amours, les soirs de boums de lycéens, évoluons dans cette société qui ne l'a certes peut-être pas eu, mais l'a toutefois bien abîmé, à travers son itinéraire politique, sa haine de l'armée, de la religion. Rappelons-nous aussi l'importance prise par les potes au fil de son existence : ceux qui l'accompagnaient au baloche, à moto, dans le sombre univers banlieusard de ses débuts. Ceux, aussi, qui, ces dernières années, l'ont aidé à sortir du trou béant où il s'était engouffré. Et puis défileront, thème par thème, l'attachement qui le lie à sa famille, mais aussi à ses amis chanteurs. Puis cette passion – vite oubliée – pour les traversées en haute mer, à bord de sa goélette. Et les autres, qui lui ont succédé, ou l'ont chevauchée : la pêche, le football.

Renaud version début du XXIe siècle. Mais aussi Renaud avec son inénarrable passé, celui de ses années de gloire, celui de sa période « loubard », puis celui qui a fait de lui un père de famille, un mari amoureux, un homme qui avance dans son temps en le décrivant au fil de ses désillusions. Et Renaud version quinquagénaire, meurtri puis relancé. Résumer tout Renaud n'est pas chose aisée. Raison de plus pour observer comment il a opéré, depuis ses débuts jusqu'à aujourd'hui, pour faire connaître les multiples facettes d'une existence longue d'aujourd'hui un demi-siècle, à travers des chansons témoignages, des coups de poing à la destinée…

Parisien de toujours

Paris, la rue, les loubards, la banlieue. Ces thèmes sont incontestablement les plus couramment employés dans l'œuvre de Renaud. Notamment dans la première partie de sa carrière, qui s'étale de ses débuts, en 1975, jusqu'au cœur des années quatre-vingt. Ils lui collent à la peau, et ils sont le reflet d'une vie entière passée dans cet environnement. Quand on aime tant Paris, quand on adore se délecter des mille parfums de la rue et quand on a fréquenté ceux que le commun des mortels évite, on est en mesure de mettre tout cela en chanson. Renaud, lui, en fait donc son credo, bâtit sa légende autour de ces concepts qui, aujourd'hui, peuvent paraître désuets, mais correspondaient bien à l'époque où il s'y est consacré avec une évidente volupté. Cette légende a d'ailleurs failli le dépasser lui-même, à ses tout débuts. À tel point, même, que Renaud a fini par effrayer, par inspirer une certaine crainte ! Quoi, ce voyou, ce loubard, ce garçon des rues, ce titi parisien, serait-il adulé par une foule de plus en plus nombreuse ? Est-ce possible, vraiment ? Paradoxe : avec les années, les disques qui se succèdent, mais aussi les concerts de plus en plus fréquents, les tournées qui se multiplient, et puis les interviews à la télévision ou à la radio, on finira par dire de Renaud qu'il est un bourgeois, un démagogue, voire un faux ami de peuple. Un peuple (qu'on n'appelait pas encore « d'en bas ») dont, pourtant, il s'évertue à vanter les mérites chanson après chanson. Non, décidément, l'arrivée du phénomène Renaud sur le marché de la chanson

française n'a laissé personne indifférent. Ses longs cheveux jaunes, ses pendentifs à l'oreille, sa tenue de loubard, on finira par les accepter, et même par les aimer ! Si bien que Renaud, pendant toute cette période, jouera sur le registre de sa double personnalité. Tantôt il mettra l'accent sur la « misère des rues », tantôt il sera tenté de démystifier cette image, allant de l'une à l'autre de ces façons de faire avec une facilité qui laisse pantois, mais qui dérange, aussi.
Paris, c'est sa passion, le grand amour de son existence. Il lui faudra du temps, beaucoup de temps, pour qu'il émigre vers le sud de la France, de façon de plus en plus fréquente, tout en effectuant, chaque fois, des « come-back » obligés vers cette capitale qu'il vénère. Dans la majorité de ses chansons, il parle directement de Paris, ou y fait au moins allusion. Beaucoup moins au fur et à mesure de la sortie de ses nouveaux albums, certes. Ce qui ne signifie pas que la capitale le rende muet. Ce qui ne laisse pas entendre, non plus, que son amour pour Paris s'estompe au fil du temps. Non : il a simplement planté le décor pendant les cinq ou six premières années de sa carrière de chanteur. Ensuite, il a pu se permettre d'extrapoler, et d'évoquer aussi ce que l'évolution de sa vie lui a permis de connaître, jusqu'à ses peu enviables dernières années. Un observateur de son temps, on vous dit ! Aujourd'hui, il n'est plus le garnement de la porte d'Orléans (la fameuse porte d'O), ni même ce chanteur des rues sur qui pleuvaient les pièces de monnaie, quand il s'en allait chanter, flanqué de son ami accordéoniste Michel Pons, des textes essentiellement réalistes. Par la suite, il a été un homme marié, père de famille, qui a bourlingué dans toute la France, mais aussi à l'étranger, qui s'est même offert le luxe d'une passion évasive pour la mer et son immensité. Son horizon s'est élargi, il a été épris d'autres univers. Renaud a souvent réagi par coups de cœur : ainsi, cette folle envie de gagner le grand large, sur son bateau, l'a-t-elle vite abandonné. Mais Paris, tout de même, c'est différent ! Pas question de l'oublier, la capitale, cette cité gigantesque à qui il désire, à longueur de

chansons, conserver contre vents et marées son allure pittoresque. Paris, Renaud y est né, il en est imprégné, c'est sa vie, et l'en déloger relèverait de l'exploit. Les grandes villes, d'une façon générale, l'attirent d'ailleurs plus que la campagne : les pavés des vieilles rues l'émeuvent toujours autant et, en contrepartie, le béton des cités nouvelles ne l'effraie pas, même si, le temps avançant, ses habitants vont décrocher peu à peu des thèmes dont il les abreuvait à ses débuts. Sa jeunesse, Renaud l'a passée au bout de Paris, à proximité de Montrouge (là où repose son ami Coluche) et de la banlieue, à la porte d'Orléans à laquelle il a consacré un blues en 1977. Pas vraiment en HLM, ce serait mentir, mais pas dans le luxe non plus. Les immeubles confortables et résidentiels étaient nombreux dans ce quartier, à cette époque : la famille Séchan demeurait dans l'un d'entre eux. Suffisamment près des terrains vagues et de la banlieue pour que Renaud puisse y faire l'apprentissage de l'ambiance qu'il décrira souvent dans ses chansons. Mais suffisamment loin de la vraie misère, des véritables loubards qui y sévissent alors, pour qu'il en devienne un lui-même. Pris entre l'envie de traîner avec les copains entre les heures de classe, et celle de se complaire dans un univers familial qui lui sera toujours réconfortant, Renaud navigue à vue, et tire autant d'avantages d'une situation que d'une autre. Pour lui, comme pour beaucoup de jeunes de son âge, et de sa ville, Paris, c'est le monde entier. Rien d'autre ne semble exister : Parisien de toujours, Renaud le chantera à tue-tête. Dans *Écoutez-moi les Gavroches*, par exemple, c'est-à-dire au sein de son premier album, sorti en 1975, il sait, avec tact et douceur, vanter les mérites de sa capitale adorée. Le rythme doux et la voix mélodieuse des chœurs le laissent entendre. Gavroche, il aime. C'est un peu de Paris à lui tout seul, et dans cette même chanson, il s'aventure à trouver un pluriel à ce nom propre, en s'adressant à tous ceux qui ne voient en Paname qu'un univers de béton et d'ennui. On sent également chez lui une volonté acharnée d'informer tous ceux qui ne vivent pas à Paris. De les avertir, aussi, de leur montrer la voie, celle

des vieilles rues où il faisait bon flâner. Il faut bien l'admettre : quand on publie un disque, on n'ignore pas qu'on sera entendu partout en France, et le petit Marseillais, lui aussi, a bien le droit de découvrir la capitale, lui qui n'en connaît généralement que le club de football qu'*a priori*, il ne porte pas dans son cœur !
Parce que Renaud cultive le respect des autres, il tient à établir un lien étroit avec ses auditeurs ou ses spectateurs. Ses chansons, en cela, ne doivent pas laisser traîner d'équivoque. C'est là, d'ailleurs, le fait de toutes les chansons réalistes, qui reproduisent, tels de petits tableaux, des portions de vie, des morceaux d'existence. Et Paris se prête si bien à ce genre de chansons ! Un Paris pourtant déjà chanté en long et en large. Des compilations entières lui ont été consacrées. Et Patrick Bruel lui-même ne prétendra pas le contraire avec son album d'anciennes chansons françaises paru au printemps 2002, où le titre *Mon amant de Saint-Jean* a fait notamment un carton. Renaud non plus, dont personne n'a oublié l'album *Le p'tit bal du samedi soir*, tiré d'une première partie mémorable de son récital à Bobino, en 1980, et où toute la gouaille parisienne se retrouvait mêlée autour de personnages savoureux.
Le premier 33 tours (c'est ainsi qu'on disait à l'époque) de Renaud est un hymne à la capitale : Renaud a vingt-deux ans quand il l'enregistre, et, à cette époque de sa vie, il ne connaît pratiquement que Paris. Pas étonnant, alors, qu'on y retrouve une série de textes, écrits bien avant, pour la plupart, adoptant un ton gentiment gouailleur, dans lesquels, déjà, on sent l'empreinte d'Aristide Bruant. La plupart de ces titres, en effet, faisaient déjà partie du répertoire « pré-renaudien », longtemps avant qu'ils ne soient gravés sur vinyle. Artiste des rues, Renaud chantait déjà *Hexagone* ou *Camarade bourgeois*, avant que tout cela ne tombe dans le répertoire populaire. Déjà, il parlait à merveille de sa ville aux mille aspects. Il le fera beaucoup moins, l'âge avançant. Dès lors, il faudra attendre 1988 et l'album *Putain de camion*, écrit après la mort de Coluche, pour retrouver une véritable chanson « parisienne ». Elle s'appellera

Rouge-Gorge et constituera ce que Renaud écrira alors de plus beau, de plus abouti, où l'auteur criera : « Rouge-gorge chante, le temps des cerises, dans les rues vivantes, lorsqu'un jour arrive le temps des noyaux et des bulldozers, et des vrais salauds en costumes clairs. » Fini, le Paris charmeur, le Paris d'antan : bonjour une capitale aseptisée, livrée aux mains des promoteurs immobiliers, qui la défigurent sans renâcler. Jacques Dutronc avait déjà abordé ce thème, voici bien longtemps, dans son *Petit jardin*. Un autre Jacques, Higelin celui-là, y reviendra beaucoup plus tard dans son *Accordéon désaccordé*. Tous ont vu Paris dépérir, et tous désirent le chanter toujours aussi beau, pour que le rêve se perpétue.

Paris, donc, est au centre des préoccupations du chanteur débutant, Renaud. Mais la banlieue y figure également. Le mot est lancé : après un premier jet, Renaud apparaît comme un « titi » bon teint. Dans un second temps, autrement dit dans ses disques suivants, Paris sera encore présent, certes, mais la capitale cédera le pas à la banlieue. En évoquant pour la première véritable fois ce sujet dans son troisième album, celui de 1979, Renaud aborde là un univers tout différent. Car Paris, pour Renaud, c'est beau, il y fait bon vivre – malgré l'évolution qu'il regrettera lui-même – on y reste et on s'y plaît. Mais la banlieue, on y vit parce qu'il est impossible de faire autrement, on s'y ennuie, on y côtoie une population souvent lasse et triste. Le béton n'est pas le même qu'à Paris : il évoque plus la prison que la liberté, plus la mort que la vie. La banlieue, si Renaud n'y a jamais vécu, il connaît : c'est là qu'il se rend fréquemment en mob, puis sur sa moto, pour aller au « baloche » ou traîner entre copains. *C'est mon dernier bal* traduit bien cet univers dangereux, où tout ce qui porte cheveux longs et blouson de cuir est redouté comme la peste. Si on ne s'y fait pas tuer si souvent, comme le prétend la chanson, on risque, en revanche, d'y connaître quelques avatars. Vision aujourd'hui éculée d'un univers où les politiciens ont puisé depuis belle lurette des raisons d'espérer une chasse aux voix de première grandeur. En brandissant l'étendard de la haine et du racisme, certains d'entre eux ont recueilli dans ces cités dites « chaudes » des brassées entières de bulletins électoraux qui, comme par miracle, ont ensuite gagné la France entière…

Alors que les années passent, Renaud s'attachera davantage à ceux qui peuplent cette banlieue. Il y fera même naître le personnage le plus célèbre de tous ceux dont il taille alors le portrait : Gérard Lambert. Celui-ci deviendra même un héros de bandes dessinées sous la plume et le crayon de Jacques Armand. Ce grand escogriffe (Gérard, pas Jacques !), à qui rien n'arrive de particulièrement excitant, tente de trouver l'aventure à Paris. C'est un paumé, un raté, un personnage sans illusion, qui n'a ni Dieu ni maître. Gérard Lambert devient meurtrier, comme ça, sans véritable raison, simplement parce que son créateur l'a voulu ainsi. Emporté par le tourbillon du succès, Gérard Lambert renaît dans l'album suivant : après les « aventures », c'est le « retour ». Tout aussi caustique et plein de malice, ce second épisode connaît le même succès. D'aucuns se demandent même si Gérard Lambert, désormais légendaire et éternel, et le Renaud Séchan d'alors, n'ont pas quelques points communs, si par hasard, même, l'un ne se serait pas reconnu dans l'autre.

C'est dans son album de 1981, celui, précisément du « retour de Gérard Lambert », que Renaud dresse comme rarement il l'aura fait l'apologie de la banlieue. Dans *Banlieue rouge*, par exemple, on sent l'ennui, le dégoût de cette veuve quinquagénaire que ses enfants laissent tomber. Paris est tout proche, et pourtant, qu'il est loin, l'enthousiasme des premières chansons, cet acharnement de Renaud à faire aimer son Paname, coûte que coûte. À tel point qu'il négligera presque totalement ce riche thème d'inspiration dans ses disques suivants, jusqu'à nos jours. Car la banlieue est un autre monde, dont il traite avec beaucoup de réalisme la multitude de facettes. Il sait en découper les tranches avec finesse et désinvolture. Parce qu'il a fréquenté des Gérard Lambert ou les habitants des banlieues rouges, Renaud se sent à l'aise pour en parler. L'œuvre de Renaud est d'ailleurs

foncièrement honnête : jamais il ne s'aventurera à conter des milieux qui lui sont étrangers, avec lesquels il n'a pas de contact. La banlieue, il n'en fera désormais plus étalage à longueur d'albums. On en retrouvera toutefois la trace dans *Boucan d'enfer* (eh oui !), et plus précisément dans la chanson *Mon nain de jardin*, où, si longtemps après ses débuts, Renaud narre les aventures de cet honnête banlieusard vivant autour d'un carré de pelouse « d'un mètre vingt-trois sur un mètre douze », et à qui il vient d'arriver la pire des catastrophes : on lui a volé son nain de jardin, son unique bien, ce « petit Simplet qui n'est plus là », et qui, au beau milieu de cet étroit espace engazonné, « trônait comme un pacha ». Délicieux portrait d'un « homme de peu » à qui on vient, en quelque sorte, d'arracher le cœur.
Ce qui est valable pour la façon qu'a Renaud d'évoquer Paris et sa banlieue l'est aussi pour celle dont il use pour chanter ceux qu'on appelait alors les loubards. Un mot péjoratif à l'époque, qui a presque une connotation sympathique aujourd'hui. Le loubard au blouson de cuir et à la moto (pour les plus fortunés, sinon, bonjour la mob !) est aujourd'hui un personnage tout à fait révolu. Les loubards façon Renaud ont son âge, soit la cinquantaine, parfois un peu moins pour ceux qui ont perpétué la tradition. Mine de rien, il s'agit là, avec le recul, d'un événement considérable dans la carrière du chanteur. Les nouvelles générations aiment toujours Renaud, et le lui prouvent. Mais ils considèrent souvent avec un amusement non dissimulé qu'un décalage marque aujourd'hui la réalité des banlieues – et plus précisément des cités parfois implantées au cœur, ou en périphérie des villes –, avec la façon dont Renaud en faisait état au tout début de sa carrière. Et le fait qu'il chante encore, aujourd'hui, certains textes écrits au cours d'un temps oublié, rajoute au charme d'un répertoire qui doit beaucoup à ses débuts. Sauf que les habitants des cités ne le reconnaissent plus comme l'un des leurs. D'abord à cause de son âge (mais qu'y peut-il ?), et ensuite parce que son expression musicale ne leur correspond plus, les rappeurs – témoins de leur temps et de leur

environnement, eux aussi – ayant depuis belle lurette évacué de leurs préoccupations les chanteurs français classiques dont Renaud fait partie.

A l'époque, Renaud avait fait s'ouvrir un débat, qui avait amené ce genre de réflexions : « La personnalité de Renaud fait se poser une quantité de questions. Non, Renaud n'est pas un loubard, il n'a jamais tué personne, ni usé de la violence pour se défendre. Mais s'il en parle avec autant de précision et de conviction, c'est qu'à une certaine période de sa vie, il a fréquenté de vrais loubards. Des individus vêtus de cuir, la violence à fleur de peau et qui, n'ayant ni travail ni occupation bien précise, n'ont qu'une idée en tête : dépouiller le premier passant venu de son argent. » Renaud ne sera donc pas des leurs, mais il vivra à leurs côtés, au cours des quelques années qui ont précédé le début de sa carrière de chanteur. En voyeur, en observateur, avec la même révolte et la même détermination qu'eux au fond du cœur, mais avec une autre façon de les canaliser. L'injustice, la misère, le chômage, la délinquance, Renaud préfère en parler en chansons. C'est moins risqué que le « baston » continuel et c'est en tout cas plus adapté à son côté tendre écorché. La bagarre, par exemple, il n'a jamais aimé : il ne s'est pas estimé une force physique suffisante pour en user ! Dans la chanson *Peau aime*, il n'hésitera pas à avouer sa répulsion, voire sa crainte, de la violence bête et méchante. Et pourtant, de la bagarre, de la violence, il y en a dans l'œuvre du Renaud des débuts. Un de ses points forts : il a toujours su se placer parfaitement dans la peau des autres, de ceux qu'il connaît pour les fréquenter. En fin de compte, Renaud est plus méchant qu'il n'y paraît avec les loubards qu'il dépeint : il en décrit toujours le côté dérisoire, risible, peu crédible. Dans *Laisse béton*, la chanson qui a lancé Renaud dans le grand bain du music-hall, mais qui lui a en même temps collé cette étiquette indélébile sur la peau, il donne du loubard l'image d'un personnage peu sérieux, une espèce d'enfant paumé dans une existence trop grande pour lui. En 1977, cet album est d'ailleurs presque exclusivement consacré à ce thème. A foison, on y trouve mobylettes, santiag's, blousons de cuir et autres ustensiles indispensables à la panoplie du loubard type ! Jamais peut-être depuis, malgré d'autres disques très ciblés qui allaient suivre, Renaud n'a replongé son public dans une telle atmosphère, où le ridicule le dispute au sérieux. A travers *La chanson du loubard* (qu'il a toujours conservée dans son répertoire de concert, même au cours de ses tournées les plus récentes, auto clin d'œil à une certaine époque de sa vie), *Buffalo débile, La bande à Lucien* ou *Je suis une bande de jeunes*, Renaud trace un série de portraits jamais complaisants et toujours empreints d'une sincérité sans faille. Plus tard, on retrouvera la même trame dans *Marche à l'ombre*, *Baston* puis dans *Loulou* et *Deuxième génération*. Mais il est vrai que ce fameux disque de 1977, avec la désormais chanson culte *Laisse béton* pour succès principal, a bel et bien contribué à la naissance de l'image qui a longtemps collé à la peau de l'artiste. En ce temps-là, Renaud en jouait, qui s'habillait toujours de cuir. Par nostalgie, c'est encore ainsi vêtu qu'on le retrouve dans une des photos du livret de *Boucan d'enfer.* Car, si Renaud n'a jamais été un loubard et si, pourtant, il exprimait souvent le vœu de démystifier quelque peu son image d'antan, quand celle-ci prenait trop d'ampleur, il reste avant tout un provocateur. Fidèle en cela à ses convictions d'anarchiste, il aime qu'on se pose des questions à son sujet, auxquelles il répond parfois, en en provoquant d'autres tout aussitôt ! Dans, *Où c'est qu'j'ai mis mon flingue*, il ira même jusqu'à dire « j'veux que mes chansons soient des caresses, ou bien des poings dans la gueule », donnant ainsi le fil conducteur des deux tableaux sur lesquels il joue, comme sur ceux d'un flipper.

Connaissant donc parfaitement les us et coutumes de ces « barlous », Renaud peut en donner une description complète et précise. Il connaît leurs termes, leur façon de s'exprimer, de s'éclater, de vivre. Il parle alors le verlan, non seulement en chanson, mais dans la vie de tous les jours. *Laisse béton*

(laisse tomber, pour les non initiés) deviendra une expression fort employée, et même le titre d'un film, en 1984. Cette manie d'inverser les syllabes, principe majeur du verlan, Renaud ne l'utilise pas si souvent dans son répertoire. Il en a donné un aperçu très sommaire dans *Laisse béton* et n'y reviendra qu'avec *Le retour de Gérard Lambert*, qui a « rancard avec une meuf' » (une femme), et veille à ne pas se faire « arrêter par les keuf's » (les flics). Il est curieux de noter qu'aujourd'hui, le verlan a quitté la capitale et sa banlieue pour gagner la France entière, et devenir une véritable seconde langue, pas près d'être morte ! Mais combien sont-ils, parmi les jeunes fans du verlan (un mot que, d'ailleurs, ils n'emploient plus guère), à savoir que Renaud, ce quinquagénaire aux cheveux jaunes, a été le détonateur, celui qui a fait connaître ce langage au grand public ?
Dans les albums qui ont émaillé la carrière de Renaud depuis ces dernières années, aucun mot de verlan n'a plus jamais été réemployé. Mais il l'a fait suffisamment pour démontrer clairement qu'il était un précurseur, qu'il était capable d'apporter un plus à la chanson française de ces vingt-cinq dernières années. Toutefois, comme le verlan, les loubards et leur cortège d'images d'Épinal presque usées par les chansons à répétition que leur a consacrées Renaud, ont disparu de son univers artistique. À peine en retrouvera-t-on la trace dans l'album *Marchand de cailloux* paru en 1991, et notamment dans la chanson *P'tit voleur* qui avait donné lieu au tournage d'un clip somptueux et parfois inquiétant illuminé toutefois par la présence d'Emmanuelle Béart. Un texte qui disait notamment ceci : « Enchristé parce qu'un beau jour sans remords, j'ai taxé un putain de vélo même pas en or, pis deux-trois conneries, des trucs de pauvres, des trucs pas beaux un autoradio, une montre ou un stylo », et qui nous replongeait parfaitement dans l'univers renaudien des premières années La preuve : en ajoutant « Salue Manu, Pierrot et Angelo, dis-leur bien que l'amitié, ça tient chaud », il réincarnait des personnages anciens de sa propre « ménagerie », effectuait un come-back qui n'aura plus d'équivalents ensuite.

Paris, la banlieue, les loubards, le verlan. Mais aussi les bistrots, points de rendez-vous incontournables qui peuplent les chansons de Renaud, sa vie de tous les jours aussi. Il en connaît les habitudes, les rites et les personnages. Il définit souvent le bistrot sous deux aspects : c'est un endroit où l'on boit, certes, mais c'est aussi un lieu où l'on se rencontre, se retrouve, se découvre parfois, dont il sait mettre en valeur le rôle et l'attribution. Et ceci, des bistrots de ses débuts jusqu'à la Closerie des Lilas, lieu où sa dérive, puis son renouveau, se sont consommés, pastis à l'appui. Il est d'ailleurs intéressant de souligner que ces univers clos dont il savait si bien dépeindre l'atmosphère et l'environnement lui ont encore servi de repère au cours de ses récentes années de galère. Jadis, dans *Laisse béton*, *Marche à l'ombre* ou *Manu*, il créait de miniscénarios qui se déroulaient dans des troquets. Dans *Pochtron*, on y boit, on s'y saoule, et on rentre chez soi, sans espoir de « repeupler la France » et en « insultant les trottoirs, pour qu'ils s'arrêtent ». Mais, plus tard, dans l'album *Mistral gagnant*, on s'y retrouve dans la chanson *Si t'es mon pote.* Amitié et boisson y sont étroitement mêlées, le bistrot sert de décor, « t'as beau boire comme un trou, t'arrives pas à être saoul, t'as pas d'pot », lance-t-il au pote en question. Sur fond de rythme endiablé, avec une musique composée par Jean-Pierre Bucolo, déjà. « Tant que je suis là, n'oublie pas que je t'aime, et que si t'es mon pote tu m'aimes, si t'es mon pote, tu n'aimes que moi », crie-t-il alors, comme un avertissement. Qui résonne encore plus fort, près de vingt ans plus tard, dans *Boucan d'enfer,* où le bistrot est le site de tous les délires, de toutes les tentations, de tous les malheurs, et finalement de tous les espoirs. Nous avons vu plus tôt que la chanson *Mon bistrot préféré* permettait à Renaud de passer en revue les amis – connus ou inconnus de lui – qui peuplent ses rêves. Dans *Je vis caché*, aussi, quand il déclarait sa volupté de vivre dans son « bistrot, peinard ». Bref, le bistrot a toujours été chez lui un lieu culte, de référence.

Très jeune, Renaud les fréquente, les découvre. Mai 1968 lui en apprend la saveur. Et après cette période chaude, il y restera fidèle, aimant trouver là l'occasion de rencontrer quelques copains, de refaire le monde, d'y connaître d'autres artistes qui, eux aussi, ont bien saisi l'aspect magique de tels lieux. Renaud est longtemps resté très attaché aux bistrots qu'il a fréquentés dans les années soixante-dix. Avant ses mésaventures sentimentales et ses séjours à rallonge à la Closerie des Lilas, on l'y voyait encore souvent. Une des photos illustrant son album *Marche à l'ombre* donnait une idée précise de cette ambiance des bistrots qu'il affectionne tant. Renaud y figure accoudé au bar, un café et un paquet de cigarettes à portée de main. À sa gauche, une vieille dame qui sourit, et qui semble très proche de Renaud, comme son complice. À sa droite, un flic, l'air méchant, venu là sans doute pour y procéder à quelque contrôle, à moins que ce ne soit pour boire le petit blanc qui attend sur le comptoir. Un de ses collègues est situé à l'arrière-plan, où il observe un groupe de jeunes gens assis autour d'une table. Le noir et blanc du cliché renforçait encore l'aspect caractéristique : le bistrot dont Renaud faisait l'apologie dans *Où c'est qu'j'ai mis mon flingue*, ce pourrait être celui-là, après tout ! Un univers décliné en une photo, une seule, traduction exacte de ce que Renaud ressentait alors, sitôt franchi le seuil de ces débits de boisson. On sait que, désormais, sa vision du bistrot a bien changé, il est devenu un exutoire à son chagrin et à sa tourmente. Mais il n'en reste pas moins un lieu qu'il fréquente assidûment, même s'il dit, aujourd'hui, avoir cessé tout excès de boisson.

L'alcool, justement : car si les copains sont souvent au rendez-vous des bistrots, il y est forcément présent, lui aussi. Les deux peuvent difficilement aller l'un sans l'autre. Bien avant que le pastis – une drogue dure, comme il l'affirme sans cesse – ne constitue une partie de son univers quotidien, Renaud aimait à se donner, au fil de ses chansons, des airs de buveur invétéré. Dans *Pochtron*, il raconte par tous ses détails une cuite mémorable prise au « Rendez-vous des amis ». Il récidive dans *J'ai raté Télé foot*, *C'est mon dernier bal* et évoque l'alcool dans *Chanson pour Pierrot*, où il se promettait d'emmener le fils, qu'il n'a finalement jamais eu, au bistrot. Renaud n'oublie pas qu'à ses débuts, une absorption de boisson alcoolisée avant l'entrée en scène l'aidait à affronter le public. On a connu d'autres artistes qui usaient du même procédé : Jacques Brel en était un exemple saisissant, qu'il fallait, certains soirs, et surtout à ses débuts, presque pousser sur les planches, et qui buvait à fortes doses pour franchir le pas ! Renaud a perdu cette manie tout au long de sa carrière. Le trac existe toujours, mais il n'est plus aussi démesuré. Le chanteur a moins qu'avant l'impression de pénétrer dans un fourneau, chaque fois que les lumières d'une salle ou d'un chapiteau s'allument et qu'il est trop tard pour reculer devant une foule qui l'attend. L'alcool, il est vrai, est un moyen idéal pour se donner la demi-seconde de culot nécessaire à une apparition sur scène. Mais de cela, Renaud ne parle jamais dans ses chansons : pour lui l'alcool se boit dans les grandes cités-dortoirs ou les petits bistrots parisiens, avec la même envie d'oublier, de cueillir quelques instants de gaieté. Jamais Renaud n'a exprimé aucune répugnance ni aucun complexe à parler de l'alcool. Même ces derniers mois, où il a raconté par le menu comment cette « saloperie », comme il le qualifie souvent, a été la cause de tous ses tourments, l'âge et ses déboires venant, jusqu'à être celle du départ de sa femme. « Ce n'est pas parce qu'elle est partie que je me suis mis à boire, mais le contraire », confie-t-il à tour de bras, lors des dernières interviews qu'il a accordées. Chanteur réaliste avant tout, Renaud a toujours décrit ce qu'il a vu, ce qu'il a ressenti, sans rien cacher, et même parfois de la façon la plus crue qui soit. Et si, parfois, il en remettait, c'était pour amplifier la vérité, pour parodier une existence ou un chapitre de vie, comme un imitateur accentue les traits spécifiques du personnage qu'il joue, ou un dessinateur de celui qu'il croque. Et si Renaud a toujours eu une tendre amitié pour la dive bouteille – avant de lui aliéner une partie de ses journées – il n'a jamais hésité à le crier bien fort ! D'ailleurs, tous les timides et les angoissés n'ont-ils pas recours à l'alcool pour se sortir de situations délicates ?

Des moyens d'évasion, précisément, reparlons-en. On a vu que dans les chansons de Renaud, l'alcool a toujours été présent, dans les bistrots ou ailleurs, dans son propre gosier ou dans celui de ses personnages Mais ce répertoire n'en compte pas moins d'extraits où il est fait état d'un autre phénomène de société : la drogue. Évidemment, Renaud savait bien, d'entrée de jeu, qu'il allait s'exposer aux pires critiques de la société bien-pensante. La dope, comme il l'appelle, a toujours fait partie de l'univers de ceux dont il aime à narrer la vie. Et, en cela, Renaud n'a jamais craint d'être sacrifié à l'autel des idées préconçues. Jamais, il est vrai, il n'en a dressé un portrait incitant. Il a souvent assimilé le « petit joint » à la « bonne bière », avec avantages et inconvénients à la clé. Ainsi, dans *Deuxième génération*, il a fait état de la plus noire misère qui puisse affecter les milieux défavorisés, dans les cités notamment. Sans retenue, et en se glissant dans la peau de son héros, Slimane, Renaud a plongé dans le désespoir sordide de ceux qui sont sans arme devant le chômage et la détresse. Alors, il parle d'un jeune beur, de la deuxième génération, justement, qui utilise le « trichlo et la colle à rustine », parce qu'il n'a pas assez « de thunes pour se payer de l'herbe ». Dans un autre registre, il a chanté *la Blanche*. Une chanson qui figure toujours aujourd'hui parmi les plus réalistes et les plus sensibles de son palmarès. Là, aucune concession : Renaud fustige la consommation de drogue dure (la blanche étant l'héroïne) et ses effets destructeurs sur l'organisme, secouant même dans ce texte son ami Michel, toxicomane invétéré. Plus fort encore, Renaud, dans *P'tite conne*, tire à boulets rouges sur ceux qui ont causé la mort, par absorption de drogue dure, d'une jeune inconnue – en fait l'actrice Pascale Ogier, décédée d'une overdose – qui « rêvait de Byzance » mais qui avait « la Pologne jusque dans ses silences ». Il lui reprochait alors de « fréquenter un monde d'imbéciles mondains, où cette poudre immonde se consomme au matin ». Cette chanson, issue de l'album triomphal de 1985, *Mistral gagnant* reste aujourd'hui encore une des préférées de Renaud lui-même.

Même si la drogue et ses aléas n'ont pas été revisités à de multiples reprises depuis les derniers disques, on la retrouve, au rayon désespoir, au hasard de la chanson d'ouverture de *Boucan d'enfer, Docteur Renaud, Mister Renard.* Mais ici, pas de « blanche », pas de « poudre immonde ». Mais retour du « petit joint », avec ces vers : « Renaud se méfie des pétards, et du chichon qui rend idiot, Renard se les roule, peinard, pour s'exploser le ciboulot », jouant à merveille avec ce double personnage ambigu, qui lui permet de s'accorder les qualités les plus louables, tout en s'accusant des défauts les plus repoussants.
La capitale, les cités, les bistrots, l'alcool, la dope. Renaud a toujours joué de ce registre. Rien de bien gai, pourrait-on rétorquer, surtout pour un chanteur qui n'a jamais engendré la mélancolie, période noire récente exceptée. Mais voilà, dans la plupart de ses albums, Renaud a su donner à la situation la plus dramatique la drôlerie ou l'humour du meilleur cru. S'il parlait si bien de la tristesse des cités, du béton, et des moyens artificiels souvent employés pour s'en échapper quelque peu, il parvenait toujours à placer une pirouette de bon aloi, qui laisse une chanson à sa juste place. N'ayant jamais vécu dans le besoin, mais n'ayant, au cours de sa jeunesse, jamais connu la fortune, il est particulièrement bien placé pour traiter de tous ces sujets, sans tomber dans le piège de la démagogie la plus lourde. Grâce à lui, ceux qui n'ont jamais aperçu le premier mur de la banlieue, ni vu le moindre clou sur le cuir d'un loubard ont eu accès à ce monde. Sans jamais avoir été ni un loubard, un banlieusard ou un drogué, il a toujours réussi le tour de force d'être un peu tout cela à la fois, par chansons interposées. Il a même abordé un autre thème, qui s'inscrit souvent en corollaire des précédents : la prison. Il a établi un rapprochement entre la notion de prison et celle du béton des cités : « Tu crois que la rue, c'est les vacances », ira-t-il même jusqu'à affirmer dans *Deuxième génération*. Enfant presque toujours sage, Renaud n'est jamais allé en prison. Mais il a fait la connaissance du milieu carcéral en s'en allant chanter dans divers établissements de ce type,

dont Fleury-Mérogis. Là, il a ressenti une vive émotion, devant un public si différent, mais tout aussi passionné. En anarchiste de cœur, que n'a-t-il pas imaginé alors un monde sans geôles, sans matons, sans barreaux ! Ces concerts dans les prisons l'ont fortement impressionné : bénévolement, il y est venu donner un peu de la joie qu'il apporte à son « public libre » au cours de ses tournées. Et les prisonniers ont su lui répondre, tout aussi instinctivement.
Voici que sont passés en revue les thèmes qui ont fait de Renaud ce qu'il est toujours resté, qui lui ont forgé un personnage, bâti une légende. Parisien de toujours, il tient à le rester : la capitale, et tout son immense environnement, sont le berceau de son inspiration. Des parcs de détente (Jardin des Plantes, Jardin d'acclimatation) où il allait, jadis, se promener, Lolita dans la main, jusqu'au café « la Closerie des Lilas », où il a bu sa peine jusqu'à encore soif au cours de ces dernières années, Paris est incontournable pour lui. Et le restera, jusque sur les scènes colorées des plus grandes salles où il a désormais retrouvé toute sa place.

Adieu minettes

Renaud, auteur de chansons d'amour ? Pas vraiment. Dans *Boucan d'enfer*, il a donné plus volontiers dans la ritournelle de « fin d'amour ». Grosse différence. Et, même à ses débuts, son répertoire, en ce domaine, sortait de l'ordinaire. On y trouvait peu de « je t'aime » (mais tant d'autres l'ont dit à sa place). On se souvient encore du plus tendre d'entre eux, lancé à sa fille Lolita dans *Morgane de toi*. Un autre l'avait été auparavant à cette fameuse copine Germaine, avec une gouaille toute parisienne, dans une valse dont le public est toujours amoureux (le titre a même été repris avec succès lors de la tournée « Un piano, une guitare... et Renaud). Doit-on pour autant en déduire que Renaud n'est pas un sentimental ? On sait maintenant que non, au regard de ses chansons les plus récentes, les plus tristes aussi. Certes, aujourd'hui, il reconnaît « croire davantage à l'amour qu'à la vie de couple », mais il a toujours su employer les mots les plus tendres, en les teintant parfois d'ironie ou de dérision. Avant sa période *Boucan d'enfer*, jamais il n'avait planché sur les cas douloureux de chagrins d'amour ou de désespoir. Comme d'habitude témoin de son temps, il a fallu que le problème lui tombe sur le nez pour qu'il y consacre presque tout un album. Longtemps, les messages qu'il a consacrés à d'autres filles que sa femme n'ont rien eu à voir avec ces mots enflammés dont la chanson française se repaît avec un appétit féroce. Ce qui ne les a pas empêchés d'être forts et sincères. Pendant les deux décennies où il a vécu l'amour fou avec Dominique, Renaud n'avait jamais songé écrire des textes où séparations, disputes et scènes de ménage abondent. Sauf peut-être dans l'inénarrable

It is not because you are, qui n'était toutefois pas une chanson sentimentale à proprement parler. On y rit encore aujourd'hui, surtout à cause de l'emploi épouvantablement farfelu de la langue anglaise. Pas de quoi pleurer, certes, quand il chante : « For a stupid story of fric, we decide to divorced. » Alors, situé aux antipodes des chanteurs machos, Renaud laissait, à ses débuts, divaguer son imagination, en en puisant la source dans la réalité quotidienne. Et sa réalité à lui, notamment pendant ses années d'adolescence, c'est aussi la drague. Les boums, où il se rendait avec ses copains, à mobylette, en étaient le théâtre. Détail amusant : Renaud, tout créateur de musiques diverses qu'il est, n'a jamais su danser. Il a bien essayé de nous faire croire le contraire, en entamant, au Zénith 1988, un pas zoulou sur la chanson *Jonathan*, dédiée à son ami l'artiste sud-africain Johnny Clegg. Mais l'expérience n'a pas été renouvelée ! Alors, à l'époque des boums, seul le slow lui convenait. D'abord parce qu'il s'agit d'une danse facile, où tout mouvement proprement structuré est pratiquement exclu. Ensuite parce que le slow donnait au jeune homme timide qu'il était alors la possibilité de connaître quelques menus flirts. Alors, pendant ces années, Renaud attendra dans un coin de la salle, les jours de boum, les fameuses séries de slows qu'il affectionnait tant. D'ailleurs, à l'époque, la plupart de ces soirées se résumaient ainsi : très peu de rock ou de jerk, pourtant en vogue, mais énormément de slows. Là, Renaud se trouvait dans son élément ! Il commencera d'ailleurs à évoquer cela dans ses premiers disques. Puis, l'âge venant et précédant encore la calamiteuse époque qu'il vient de traverser, il désertera les boums, dont il disait déjà, en 1977, qu'elles étaient « tristes à pleurer, comme un sourire de clown, comme la pluie sur l'été ». À chaque conquête, alors, Renaud tombait amoureux. Jamais pour très longtemps, mais toujours intensément. Et chaque fois, le scénario se renouvelait : il consacrait à ces amourettes provisoires des poèmes, voire des chansons qu'il mettait en musique sur ses premières guitares, avec naïveté, du style : « Isabelle, tu es belle... »

Les filles, donc, Renaud leur donne mille qualificatifs : elles sont des gonzesses, des morues, des meuf's ou des nanas, selon le jour ou la situation. Dans une chanson méconnue de son album *A la belle de Mai*, paru en 1994, et qui s'intitule *Devant les lavabos*, il écrit : « Nos gonzesses, devant les lavabos, se repoudrent le bout du nez, se font les lèvres cerise. Nos gonzesses, sous les néons pas beaux, en dégrafant négligemment, un bouton de leur chemise. » Un bel hymne à la féminité, exprimé avec des mots renaudiens dignes de sa première époque. Même si, au tout début, il décrivait souvent les femmes comme des êtres possessifs, constituant une entrave à la vie en bande. Il n'empêche que le thème de la femme revient fréquemment, chez lui. Inutile de s'en cacher, Renaud a toujours eu pour le beau sexe un penchant certain. Il l'a si bien dit, d'ailleurs, dans *Me jette pas*, en 1991 : « Qu'est-ce que tu crois, que ces pisseuses aguicheuses me laissent froid ? », chantait-il alors, comme en s'adressant à Dominique. Il ajoutait même : « T'as raison, les hommes sont des salauds, des pas beaux. C'est pour ça que j'préfère les nanas, je les préfère au peu trop, quelquefois… » Dans une parole prophétique, il ajoutait : « Tu sais que la vie est dégueulasse, que l'amour dure toujours, et que c'est là qu'est parfois l'angoisse… »

Si les mots « pute », « pouffiasse » ou « pétasse » font partie du vocabulaire de ses chansons, on ne peut pas dire pour autant qu'il soit irrespectueux à l'endroit des représentantes de l'autre sexe. Mais Renaud attend trop des êtres humains en général, des femmes en particulier. Il croit tellement en la fidélité des autres, comme il le démontre pour ses potes dans *Boucan d'enfer*, que si celle-ci ne se vérifie pas au quotidien, il sort ses griffes, son crayon, son carnet et sa guitare, et le sort en est jeté !

Et pourtant, il l'avoue lui-même, Renaud n'a pas été un tombeur de première classe. Certes, elles n'ont pas manqué, au creux de ses bras, pendant toutes ces années où il a sillonné, le cœur plein d'espoir, les endroits où elles se trouvaient en grand nombre. Il a longtemps donné l'impression, étant jeune, d'être indifférent, incapable de tout sentiment. Incapable aussi de vivre un véritable chagrin d'amour, comme il est nécessaire d'en connaître entre seize et vingt ans, pour être plus fort par la suite. Cette mésaventure, il a attendu d'avoir près d'un demi-siècle de vie pour en découvrir l'amère vérité. Avant *Boucan d'enfer*, une seule fois, Renaud avait parlé avec mélancolie d'une fille dont il cachait le prénom. Dans *Petite fille des sombres rues*, extraite de son tout premier album (celui d'*Hexagone*), il se disait déçu, dépité, et demandait poliment à la jeune fille en question de disparaître de son univers. Avec toutefois, dans la voix et le verbe, un arrière-goût de regret qu'on n'a plus retrouvé dans ses disques suivants. Ce titre constituait alors la seule véritable histoire d'amour de son œuvre, avant *Ma gonzesse*, dédiée à Dominique. À plusieurs reprises, il lèvera le voile sur Rita, Greta ou Germaine, personnages imaginaires et colorés. Dans *Greta*, il dépeindra même de façon un peu lourde le problème des Allemands de l'Ouest dans leurs relations avec ceux de l'Est, utilisant un « je t'aime » cousu de fil blanc, gros et gras, dénué de tout sentiment véritable. Dans *Adieu minette*, il donnait dans le social, plaquant avec bien peu de ménagement la jeune fille de Neuilly, dont les parents ont une maison à Deauville, et dont les amis sont « de vrais Républicains, buveurs de bière ». Coup de gueule, en passant, à la bourgeoisie qui l'exècre : friquée, certes, mais surtout étroite d'esprit, un tantinet méprisante. À l'environnement malsain de cette « minette », Renaud préfère incontestablement celui de Germaine, qui vit dans un réduit infâme, avec une fortune immense dans le fond du cœur. Mais cette Germaine se révélait être plus une copine qu'une conquête, vivant selon ses désirs, et qui choisit de partir pour Katmandou, au Népal, lassée de la vie à Paris et de ses turbulences. Dans *Mélusine*, époque *Laisse béton*, une de ces très courtes chansons qui ornent ses premiers albums, il dresse une série de minuscules portraits, à l'aide de jeux de mots du meilleur cru. Mélusine, Sabine, Catherine, Martine, Yasmine, et même Amin (avec qui il disait « faire du dada » !) sont, dans cette chanson aujourd'hui oubliée, autant de preuves de la dérision avec laquelle Renaud se joue alors des « gonzesses ». Après tout, la vie trépidante qu'il mène au cours de sa jeunesse, ne lui laisse guère que le temps de considérer les filles avec un certain dédain, et pour tout dire, parfois, un réel mépris. Cela, il l'illustre magnifiquement dans *Manu*, cette chanson pour toujours bouleversante : « Eh Manu, vivre libre, c'est souvent vivre seul », écrit-il alors. Mais ici, la situation est quelque peu différente : il se retrouve dans la position du confident, du consolateur de cœurs déchirés.

Si Renaud ne parle jamais vraiment d'amour tendre sans y verser quelques gouttes de vinaigre, on ne trouve pas non plus trace de sexualité dans ses textes. Plusieurs fois, pourtant, il s'avoue plus intéressé par le corps que par le cœur et l'esprit de ses jeunes connaissances. Dans l'*Auto-stoppeuse*, le refrain, à lui seul, en dit long : « Elle était un p'tit peu campeuse, un p'tit peu auto-stoppeuse, j'l'aurais préférée vicieuse, voire allumeuse ! » Il revient sur ce thème dans son album *Morgane de toi*, et plus particulièrement dans l'invraisemblable chanson *Près des autos tamponneuses*. Il va jusqu'à dire : « Moi, j'avais des idées vicieuses, sous mes cheveux jaunes ! »

Avec les filles, le Renaud des vertes années, a toujours été comme dans la vie : un peu maladroit, quelque peu emprunté, et aussi très timide. Il ne l'avoue jamais ouvertement dans ses chansons, préférant essayer de donner de lui une image de misogyne blasé. Refuge, justement, de tous les timides ! Comme tant d'autres, il a écrit des poèmes fougueux et passionnés sur les filles dont il était amoureux, leur donnant leurs prénoms pour titre (on l'a vu avec cette mystérieuse Isabelle). Réflexe évident et habituel d'un adolescent à l'existence agitée, qui se motive pour tant de problèmes différents qu'il finit par se disperser. Les « gonzesses », il leur a consacré une bonne partie de son œuvre. En les mêlant, notamment au début, à son univers à lui, celui de Paris et de la rue, celui des boums et des copains. Souvent adolescentes, rarement femmes, il sait en livrer la description d'une façon presque balzacienne. Il les découvre au début des années soixante, au moment traditionnel de la vie scolaire d'un enfant, où, pour la première fois, garçons et filles sont assis sur les mêmes bancs. C'est là une révolution pour lui, après les premières années de sa vie passées sagement sous l'éducation assez stricte et sévère d'un père qu'il adore pourtant. Les premières filles de sa vie, ce sont ses trois sœurs ! À l'école primaire, qu'il fréquente en plein Paris, il n'en voit pas d'autres. Et puis, les années passent, et Renaud, s'il est somme toute assez heureux de rencontrer les premières amies de sa vie, est troublé par un problème qui lui cause bien du tracas. En entrant au collège, il ne supporte pas, au début, de changer de professeur à chaque heure de cours. À l'école primaire, il avait des maîtresses. Des institutrices, vous l'aurez compris, dont il tombait systématiquement amoureux, et qu'il avait le temps d'observer, et d'aimer intérieurement, pendant une année entière, à toutes les heures de la journée. Après tout, la maîtresse étant la seule femme de la classe, il lui était difficile d'en aimer une autre ! Plus tard, il se révoltera contre les maîtres d'école ou certains professeurs tortionnaires, qui n'hésitent pas à taper sur les mains de leurs élèves à grands coups de règle métallique. Premières amours, mais aussi premières rébellions. Renaud a appris beaucoup à l'école, et bien au-delà des devoirs et autres leçons, pour lesquels il aura une aversion grandissante avec le temps. Pas étonnant, alors, de le retrouver, quelques années plus tard, devant les barricades de mai 1968, en compagnie de gens de son âge dont il comprend la révolte.

Renaud a toujours été un être écorché, et son comportement vis-à-vis des filles s'en ressent. Il ne les comprend pas, mais elles non plus ! Résultat : quelques poèmes enflammés, certes, mais aussi des textes où il exprime leur bêtise, leur passivité, ou leur manque de spontanéité. Être exclusif, s'il en est, Renaud désirait les filles à son image : la déception devait immanquablement être au rendez-vous. Les filles, il les voyait plutôt dans l'autre camp, dressées comme des barrières et perturbant son existence de jeune homme voué à ses copains. Renaud, ex-dragueur, ex-amateur de slows langoureux, est ensuite devenu un

homme sage, prônant la fidélité en amour. Dans le féroce portrait de *Mon beauf,* il se montre extrêmement virulent à l'endroit de ce hideux personnage, « à chaque fois qu'il culbute une collègue de bureau, ou qu'il va se faire une pute, ce ringard, ce blaireau ».
Plus tard, sa vision des femmes – dans ses chansons – se modifiera. Elles ne seront plus des adolescentes, mais des adultes. Exemple, dans *Socialiste*, extraite de *Putain de camion*, il taille le portrait d'une « protestante et féministe, un peu chiante et un peu triste, institutrice ». Une histoire d'amour qui vole en éclat : « C'est comme ça que ma socialiste, qui avait si peur des voleurs, m'a largué en pleine manif'.» Mais c'est toujours en évoquant Dominique qu'il sera le plus bouleversant. *Dans ton sac*, en 1991, en est le plus bel exemple : « Faire le sac des dames, c'est moche, si tu veux, tu me fais les poches, pour te venger. Mais t'y trouveras presque rien, le plus souvent y a que mes deux poings, bien serrés. Si je les ouvre, y a tout l'amour que j'ai pour toi depuis toujours, qui s'envole.» On est bien loin, alors, des histoires de boums et des aventures d'un soir avec des adolescentes de rencontre !
Pour clore ce chapitre, il paraît inévitable d'évoquer ici *Miss Maggie*, féroce mélopée sortie tout droit de l'album *Mistral gagnant*. Passons sur le fait que cette chanson soit « dédiée » avec peu d'amabilité à Margareth Thatcher, alors Premier Ministre de Grande-Bretagne, et qu'elle soit teintée, cela va de soi, de politique. N'en retenons que les vers qui résument l'ensemble, qui constituent, en quelque sorte, une ode à la femme en général, en opposition à celle-là, prototype de ce que Renaud déteste chez un être humain : « Femmes du monde, ou bien putains, qui bien souvent êtes les mêmes. Femmes normales, stars ou boudins, femelles en tout genre, je vous aime », écrit-il, mais aussi « Femme, je t'aime, parce que tu vas pas mourir à la guerre, parce que la vue d'une arme à feu fait pas frissonner tes ovaires », ou encore « Femme je t'aime, surtout, enfin, pour ta faiblesse et pour tes yeux, quand la force de l'homme ne tient que dans son flingue ou dans sa queue »...

Société, tu m'auras pas

Depuis vingt ans, seuls deux artistes auraient pu briguer le titre de président de la République : Coluche... et Renaud ! Sans parler de Montand. L'« enfoiré » décédé en 1986, Montand parti le rejoindre cinq ans plus tard, ils n'ont plus été nombreux, les artistes, à envisager un séjour prolongé au palais de l'Élysée. L'humoriste Dieudonné avait fait acte de précandidature, lors des récentes élections présidentielles d'avril et de mai 2002. Mais son incapacité à soulever un engouement autour de lui, mêlée à certaines déclarations chocs de sa part, n'ont pas permis de pousser plus loin le bouchon. Après l'expérience Coluche, en 1981, Renaud avait confié qu'il aimerait, lui aussi, être candidat aux élections suivantes. Il avait même ajouté : « Je voudrais être élu président de la République, puis faire une grande déclaration télévisée. Je dirais simplement : «je dissous l'Assemblée nationale. Et dix sous, c'est pas cher». Et puis, je démissionnerais ! » Une galéjade qui tend à prouver que la politique l'a déçu. Et pourtant, il l'a pratiquée, en 1968. Et même un peu avant. Sans jamais être adhérent à aucun parti, Renaud y a pourtant cru. Ses premières chansons étaient souvent teintées de propos tantôt révolutionnaires, tantôt anarchisants, rarement politiciens. C'est plus globalement la société qui est au centre de son œuvre. Elle en est la substance première, qui se nourrit de l'actualité, du passé aussi. Gauchisant, anarchiste, Renaud ne se cache pas de l'être. Les deux ne sont d'ailleurs pas incompatibles, dans son esprit, même si, gauchos et anars ne font généralement pas bon ménage, puisqu'il ira jusqu'à écrire, dans *Socialiste*, décrivant son positionnement sur l'échiquier politique français : « Moi j'étais rien-du-toutiste, anarcho-mitterrandiste, je sais même pas si ça existe, mais ça m'excite ! » Et il est resté tel quel, malgré les tentations qui se sont offertes quand la gloire s'est emparée de lui. Malgré le succès, les foules en délire, malgré ses ventes record de disques. Son père, Olivier Séchan, qu'il qualifie souvent d'anarcho-socialiste (d'où une filiation évidente avec les paroles de la chanson précitée), et Georges Brassens, dont il entend les chansons dès sa plus tendre enfance, font de lui cet homme « sans dieu ni maître », porte-drapeau des anti-flics, bouffeurs de curés et antimilitaristes de tout poil. Curieusement, son père qui, en 1968, sera de toutes les manifs, élève ses enfants d'une façon plutôt austère, selon les principes qu'il tient du milieu protestant dans lequel il a vécu. Il ne supportera jamais, par exemple, de voir Renaud avec les cheveux longs, et lui interdira la table familiale pendant de longs mois, et pour cette unique raison !

Dans ses chansons, Renaud démontre que son cœur est empli du drapeau noir de l'anarchie. En cela, on le compare souvent à Brassens, à qui il voue un culte sans faille. Sentiment d'ailleurs réciproque, toute proportion gardée, le poète éternel ayant un jour confié à Renaud son admiration devant la talentueuse construction de ses textes. Avec le grand chanteur disparu, Renaud a plus d'un point commun : bien sûr, comme lui, il est « anar », mais comme lui aussi, il traîne une timidité et une sensibilité à fleur de peau, ainsi qu'une fragilité de chaque instant. Pourtant, l'influence lui vient aussi d'Outre-Atlantique, où règne une de ses premières idoles : Robert Zimmermann, alias Bob Dylan. Par le biais de Hugues Aufray, le « Dylan français », ami de toujours – y compris de ces dernières années difficiles – Renaud acquiert l'amour du blues. Mais il sait aussi apprécier les messages contenus dans les textes de l'empereur de la « protest song » qui, au même titre que Joan Baez, devient l'ambassadeur américain de la pensée pacifiste et antimilitariste. Les textes de Dylan, que Renaud s'efforce de traduire en français, renferment tout ce qu'il a déjà à l'esprit : la révolte, le refus du surarmement, la lutte contre les guerres. Et, à cette époque, marquée par l'interminable conflit au Vietnam, Renaud se sent concerné. Quand Jean Rostand crée le Mouvement contre l'armement atomique, Renaud n'a pas quatorze ans. Cela ne l'empêche pas de participer à ses premières manifestations de rues, en 1966, contre la bombe et toute l'horreur qu'elle engendre. La guerre du Vietnam le révolte, et, par ce biais, il va être amené à découvrir la politique. Quand il arrive au lycée Montaigne, près du Quartier Latin (ce qui fleure bon mai 1968), les études le motivent de moins en moins. Il y obtient pourtant de bons résultats en français. La politique le titille, mais son lycée n'est pas suffisamment politisé à ses yeux. Membre du comité Vietnam, Renaud et ses quelques potes, reçoivent l'aide de condisciples du lycée Lavoisier. Un mot d'ordre : lutter contre les fachos. Premières bagarres, premiers coups : nous sommes en 1968, et ce qui se passe autour du lycée Montaigne, de la faculté d'Assas également, n'est pas bien original. C'est la France entière qui se met en branle, qui réclame du changement, qui a soif d'émancipation. Alors, Renaud, seize ans à peine à cette époque, commet ce qu'il appellera plus tard une « erreur de jeunesse ». Entraîné par quelques copains, il se met à fréquenter les milieux maoïstes. Ceux-ci se développent à travers la capitale, et Renaud, l'espace de quelques séances de collages d'affiches et de meetings, confidentiels pour la plupart, se retrouve fréquemment aux « Amitiés franco chinoises ». Sans adhérer, il devient sympathisant du Parti communiste marxiste léniniste de France ! À plusieurs reprises, on le retrouve, dans le giron des militants les plus acharnés de cette formation, à la porte des usines. Mais le soufflé retombe très vite : les ouvriers eux-mêmes ne marchent pas, et le look de Renaud et de la plupart de ses amis ne les incite guère à adhérer à ces idées. Avec près de trente-cinq ans de recul, on peut considérer que Renaud vient d'effectuer là son premier – et unique – rapprochement avec un parti politique. Renaud garde alors trop de pureté dans le fond de son âme pour se compromettre plus longtemps dans ce monde qui lui est étranger. Plus que jamais, son idéal à lui,

c'est l'anarchie. Il rêve d'un monde juste, sans armée ni violence. Il a encore des illusions (nous avons vu qu'il en a perdu beaucoup depuis). Peut-être a-t-il tellement donné à l'action politique au cours de son adolescence que ses réserves et sa capacité de mobilisation se sont alors épuisées, pour devenir totalement sèches, comme il le constate dans *Boucan d'enfer.* Mais il ne regrette pas pour autant ses activités de jeunesse, exception faite, peut-être, ce bref passage au sein des adeptes du socialisme à la chinoise.
Aux tout premiers jours de mai 1968, Renaud a de nouveau pour emblème le drapeau noir. Les manifs se multiplient, et son lycée avoisinant la Sorbonne, fer de lance de la révolte étudiante, il ne manque pas d'y participer. Le 11 mai, il fête même son seizième anniversaire au cœur des barricades ! Et puis, le 13 mai, la Sorbonne est occupée, et Renaud s'y trouve. Pendant quelque temps, il va y élire domicile, ne retournant chez lui qu'en fin de semaine, au grand dam de ses parents. Et, mine de rien, tout pittoresques qu'ils puissent paraître, ces jours de mai 1968 vont avoir une influence directe sur la carrière d'artiste de Renaud. Il y composera ses premières chansons et, bien des années plus tard, lorsqu'il effectuera ses vrais débuts sur une scène, il n'aura pas oublié. En mai 1968, Renaud écoute les chansons de Dominique Grange, celles aussi de Léo Ferré, un autre « anar ». Grâce à ces textes, il lutte contre la bourgeoisie, manifeste contre les réactionnaires, se donnant alors exclusivement une vocation de militant pour les causes les plus justes. Sans jamais plus appartenir à quiconque, ni être « emboucané par les fachos, ni les gauchos », comme il le chantera beaucoup plus tard dans *Où c'est qu'j'ai mis mon flingue ?*.
Avec déjà, pour tout bagage, quelques poèmes, pour la plupart d'entre eux antimilitaristes, mais aussi consacrés aux filles qu'il rencontre et qu'il aime furtivement, Renaud voudrait bien mêler ces deux activités : celle d'artiste en herbe, et celle de manifestant sur le terrain. Pendant l'occupation de la Sorbonne, aux plus chaudes heures des « événements », il adhère

au C.R.A.C., Comité Révolutionnaire d'Agitation Culturelle. Comme, une fois de plus, il refuse obstinément toute forme d'aliénation mentale ou politique, il décide de créer son propre mouvement, au sein même du C.R.A.C. Ainsi naît le « groupe Gavroche révolutionnaire », dont Renaud et son ami Sarkis Cazenave seront les seuls militants ! « Une bande de jeunes à eux tout seuls », comme chantera Renaud lui-même. Tout à coup, cette maigrichonne activité dans un mouvement si fermé va tout de même le projeter sur ses premières scènes : celles d'amphithéâtres occupés, ou celles de maisons de la culture de banlieue. Il ne chante pas encore, mais déclame des poèmes, joue des sketches. Et puis, un jour, à la Sorbonne, il fait la connaissance d'Evariste, un chanteur qui a connu son heure de gloire en ces temps mouvementés, avant de retomber dans le plus profond anonymat. Au côté d'Evariste, dont les cheveux sont plus longs encore que les siens, Renaud va s'aguerrir. Il aura envie, tout naturellement, d'écrire ses premières chansons. Il gratouille gentiment sa guitare, s'efforce d'en apprendre quelques accords. Il tente aussi d'adapter des mélodies, qu'il crée pour coller à ses poèmes. L'un d'eux, pas le moins féroce, devient alors la toute première chanson de Renaud, même si celle-ci ne figurera jamais sur aucun disque. Seule la Sorbonne occupée, au printemps 1968, aura eu le privilège de découvrir ce petit chef-d'œuvre répondant au doux titre de *Crève salope* :

« Je v'nais de manifester au Quartier
J'arrive chez moi, fatigué, épuisé,
Mon père me dit : bonsoir fiston, comment ça va ?
J'lui réponds : ta gueule, sale con, ça t'regarde pas !
Et j'ui ai dit : crève salope !
Et j'ui ai dit : crève charogne !
Et j'ui ai dit : crève poubelle !
Vlan ! Une beigne !

Le lendemain, comme tous les jours, j'vais au lycée,
Je rencontre dans la cour mon prof d'anglais

Elle me dit : bonjour jeune homme, comment ça va ?
J'ui réponds : ta gueule, sale conne, ça t'regarde pas !
Et j'ui ai dit : crève salope !
Et j'ui ai dit : crève charogne !
Et j'ui dit : crève poubelle !
Vlan ! Une beigne !

L' proviseur m'a convoqué le lendemain,
Dans son cabinet privé, pour un entretien,
Y'm dit : essuyez vos pieds avant d'entrer.
J'ui ai dit : écoute mon pote, tu m'laisses causer !
Et j'ui ai dit : crève salope !
Et j'ui ai dit : crève charogne !
Et j'ui ai dit : crève fumier !
Vlan ! Viré !

Je m'suis r'trouvé dans la rue, abandonné,
J'étais complètement perdu, désespéré,
Un flic me voit et me dit : qu'est'c'tu fous ici ?
A l'heure qu'il est, tu devrais être au lycée
Et j'ui ai dit : crève salope !
Et j'ui ai dit : crève charogne !
Et j'ui ai dit : crève fumier !
Vlan ! Bouclé !

Je m'suis r'trouvé enfermé à la Santé
Puis j'ai été condamné à être guillotiné,
Le jour d'mon exécution, j'ai eu droit au cur'ton
Y m'dit : repentez-vous mon frère, dans une dernière prière
Et j'ui ai dit : crève salope !
Et j'ui ai dit : crève charogne !
Et j'ui ai dit : crève fumier !
Vlan ! Ils ont tranché ! »

C'est par cette œuvre immortelle que Renaud pose la première pierre d'une carrière qu'il n'imaginait pas aussi réussie ! Ils sont nombreux, encore aujourd'hui, les fans du chanteur qui regrettent que *Crève salope* ne soit jamais interprétée en scène par son auteur. Replacée dans son contexte, cette chanson glanerait toujours un beau succès, n'en doutons pas ! Il n'est pas rare, de nos jours, de lire sur internet des messages émanant de fans qui n'étaient même pas nés à l'époque des événements de 1968, faisant état de cette ritournelle vengeresse et rebelle au possible. Elle est restée pour eux comme un symbole, un premier examen dans l'existence d'un chanteur qui, depuis, a livré d'autres missives, heureusement moins véhémentes.
Voilà donc Renaud devenu chanteur, au contact d'Evariste qui, lui, comme nous l'avons vu, ne connaîtra jamais la gloire, si ce n'est la consolation de quelques articles dans *Salut les copains*, signalant son existence soixante-huitarde. Renaud, lui, est alors toujours présent dans les manifestations. Nous sommes encore en mai 1968, un mois, qui décidément ne semble pas en finir. Et on peut voir, chaque jour, la crinière jaune du jeune Séchan au premier rang des contestataires. Toujours devant les barricades, entre elles et les policiers, Renaud armé... d'un couvercle de poubelle en plastique, s'évertue à relancer les grenades lacrymogènes, jetées par les flics, à la figure de ceux-ci. La peur au ventre, prenant des risques inconsidérés, il s'en sortira toujours sans dommage, et sans coups de matraque.
Et voilà que, tout à coup, les événements qui ont ébranlé la maison France l'espace de quelques semaines, prennent fin à la faveur de l'été 1968. S'ensuivront des élections législatives assurant une considérable majorité à la droite gaulliste qui, pourtant attaquée pendant ce mois de mai troublé, se sort vainqueur d'un combat qui, toutefois, laissera quelques traces. Une période que Renaud décrira dans *Hexagone*, sept ans plus tard, en ces termes : « Je me souviens surtout de ces moutons, s'en allant voter par millions pour l'ordre et la sécurité. » Après les vacances scolaires de 1968, Renaud effectue son ultime

rentrée. Expulsé du lycée Montaigne, après l'avoir été du lycée Gabriel-Fauré l'année précédente, le voilà, en septembre, élève de seconde au lycée Claude-Bernard, à proximité du site où s'élève, depuis trente ans, le Parc des Princes. Eh oui, Renaud, élément perturbateur, qui a déjà derrière lui deux années de troisième, se voit banni du quartier qu'il adore, et doit poursuivre ses études dans le XVIe arrondissement de Paris, précisément là où résident ces bourgeois contre lesquels il n'a de cesse de se battre ! Mais, tout imprégné encore de ces fantastiques semaines où il a eu le sentiment que tout pouvait changer et basculer, Renaud ne peut se résoudre à abandonner toute action politique. Raisonnant comme un jeune ancien combattant, il tente de remuer les foules. Mais au lycée Claude-Bernard, ce n'est guère aisé. Quand il crée, avec un ami, le « groupe Ravachol », du nom d'un célèbre anarchiste, il n'y croit plus trop. Aussitôt passée l'heure des cours, il se propulse au Quartier Latin pour se replonger dans l'atmosphère qu'il a tant aimée. Et, avant la fin du deuxième trimestre, il quitte définitivement l'école, qui, désormais, ne l'intéresse plus du tout. Ses débuts difficiles dans la vie active ont bientôt raison de ses velléités politiques. Rappelons, au passage, que Renaud n'a, à l'époque, que seize ans et demi à peine ! Dès lors, il va exercer mille petits métiers, faire de la moto, commencer à fréquenter les loubards de banlieue. Et, parallèlement, devenir chanteur, dans les rues puis à titre professionnel. Sa révolte est toujours bien vivante, elle se forge même au contact des aléas de la vie postscolaire. Tout comme sa panoplie, celle qui le rendra célèbre un peu plus tard, qui s'est nourrie de façon incontestable des barricades et de la Sorbonne occupée.

La célébrité le gagnant, on tentera de faire de lui le porte-drapeau de multiples causes. Il répondra parfois, chantant dans les prisons ou les usines. Mais il cherchera, la plupart du temps, à éviter de tomber dans un piège qui lui tend les bras. Il refuse d'être un démagogue et surtout, son emploi du temps est déjà lourdement chargé. Renaud cherche toujours à « couper » après chaque disque, après chaque tournée. Il a besoin, si ses engagements le lui permettent, de regonfler ses accus, et aussi de songer à ses chansons suivantes. Ainsi va la vie d'artiste. C'est pourquoi, si l'actualité continue, à cette époque, à l'intéresser tout autant – il s'en est ailleurs souvent inspiré, même au cœur de *Boucan d'enfer*, dans *Manhattan Kaboul* – Renaud lève le pied au plan politique. Il descend moins dans l'arène. Il n'en est pas encore comme dans *Je vis caché*, en 2002, où il écrit : « Loin des meetings, des réunions, des manifestations de rue, j'écoute la colère qui fond sur nos dirigeants corrompus », ou encore « Les pétitions, c'est plutôt bien, mais vous n'y verrez plus mon blaze » (mon nom, en argot), mais la politique le lasse, le déçoit. Déjà. Pourtant, au cours des dix années qui ont suivi ses débuts, il n'a pas laissé indifférent en ce domaine, à travers ses chansons. Avec *Où c'est qu'j'ai mis mon flingue*, il reçoit une volée de bois vert de la part du Parti Communiste français, qui estime que ses couplets en forme de bombe risquent de brouiller les cartes de l'échiquier politique, à quelques mois de l'élection présidentielle d'avril et mai 1981. Le PCF, on le sait, mène alors, à chacun des grands rendez-vous électoraux, une campagne contre l'abstention. De plus, dans cette même chanson, Renaud égratigne le grand poète communiste Louis Aragon : « J'déclare pas avec Aragon, qu'le poète a toujours raison, la femme est l'avenir des cons, et l'homme n'est l'avenir de rien. » Ceci n'est pas du goût des dirigeants du parti, qui n'apprécient pas qu'on touche à une icône incontournable ! Ni qu'on puisse entendre : « C'est pas demain qu'on me verra marcher avec les connards qui vont aux urnes, choisir celui qui les f'ra crever, moi, ces jours-là, je reste dans ma turne, rien à foutre de la lutte de classes, tous les systèmes sont dégueulasses. »

Cette chanson a beaucoup fait parler d'elle, y compris après la présidentielle. Car Renaud ne s'en est jamais caché : il a voté François Mitterrand le 10 mai 1981, la veille de son vingt-neuvième anniversaire (le sien, pas celui du président, qui en affichait déjà trente-six de plus !). Un an à peine après la sortie du disque où il exprimait avec le plus de violence sa haine des politiciens, cela avait de quoi surprendre ! Lors d'un journal télévisé de 13 heures sur Antenne 2, Philippe Labro, le présentateur-journaliste-cinéaste, devenu par la suite le patron incontesté de RTL, reçoit Renaud, peu de temps après l'élection de François Mitterrand à la magistrature suprême. Naturellement, il ne le rate pas, et lui demande des explications sur ce surprenant volte-face. Renaud qui, d'ailleurs, ce jour-là, révélera sa passion pour la mer et les bateaux, ne désarme pas. Il dit avoir voté à gauche, sans illusions, en espérant que la situation s'améliore tout de même un tout petit peu dans notre joli pays de France ! Et puis, comme il le dit, le texte de *Où c'est qu'j'ai mis mon flingue* a été écrit sur un coup de gueule, et une chanson n'est jamais qu'une chanson. Comme il le dira souvent sur scène, y compris pendant sa tournée suivant la sortie de l'album *A la belle de Mai* : « Celle-là, quand je l'ai écrite, je devais vraiment être énervé par la colère. » Ceci dit, Renaud savait parfaitement bien qu'il s'exposerait aux foudres des esprits critiques en allant voter après avoir écrit un tel pamphlet. Peut-être, une fois de plus, a-t-il joué la carte de la provocation dans cette affaire. Désirant que Valéry Giscard d'Estaing disparaisse de l'échiquier politique français, il a voté pour son adversaire, sans pour autant mener une campagne pro-mitterrandiste. Il a suivi ces moments avec intérêt, portant notamment un regard attentif sur le comportement de feu son ami Coluche, qui a peut-être été l'homme le plus populaire de cette époque. Le plus décrié aussi. D'ailleurs, par la suite, Renaud présentera souvent Coluche comme un « ex-candidat à la présidence de la République » !

La gauche arrivée au pouvoir, Renaud ne se montre plus sur la scène politique. On le verra prendre position en faveur du mouvement écologiste Greenpeace, rallongeant d'une séance son séjour au Zénith de Paris, au début de l'année 1984. Lui qui, déjà, connaît la mer, a pitié des baleines, comme il le dira dans *Déserteur.* Mais le combat de Greenpeace pour tenter de limiter la destruction intempestive de ces grands cétacés, mais aussi pour éviter que ne se propagent les grandes pollutions nucléaires ou industrielles, lui semble honnête. La recette de ce concert supplémentaire dans la grande salle du quartier de la Villette sera d'ailleurs reversée à cette organisation dont le rayonnement commence alors à se répandre de par le monde. Bien des années plus tard, il mènera un combat semblable pour empêcher la destruction des quelques ours qui vivent encore dans les Pyrénées. On le verra même, au côté de Francis Cabrel et de bien d'autres artistes, donner un gala de solidarité en faveur de ces gros animaux, qu'une nouvelle autoroute menaçait de mort. De là à penser que, par ces actions, Renaud a perdu tout sentiment de solidarité avec certaines minorités, ou qu'il s'est embourgeoisé, il y a un pas, délicat à franchir. Son ami Cavanna n'avait-il pas dit, avant lui : « Qui fait souffrir les animaux peut être tout aussi cruel avec les hommes » ? Renaud a déjà dit, par le passé, ce qu'il pensait des écologistes, et les réserves qu'il émettait sur la valeur de leurs arguments. Ce qui ne l'a pas empêché, lors des élections présidentielles de 1995, de s'afficher au côté de Dominique Voynet, leader des Verts qui, deux ans plus tard, allait devenir ministre de l'Environnement dans le gouvernement de cohabitation dirigé par Lionel Jospin !

Pendant des années, après la première élection de François Mitterrand, Renaud ne prend plus de positions très nettes. Il faudra attendre la présidentielle de 1988 pour le voir s'engager à fond au côté du président réélu, après lui avoir même envoyé ce très médiatisé message : « Tonton, laisse pas béton ! » Mais nous reviendrons sur cette tendresse, cette affection si forte qu'il vouera à l'ancien président de la République. En 1984, on entend Renaud chanter à la fête de l'Humanité – les communistes n'ont donc pas été rancuniers avec lui ! – mais cela n'est pas toujours considéré comme un acte purement politique, des chanteurs plutôt marqués à droite s'étant même déjà produits lors de ce grand rassemblement populaire de septembre, au parc de la Courneuve. Un peu plus tard, dans les colonnes du journal *le Monde*, il donne une interview où il affirme son attachement à Robert Badinter, ancien avocat et ministre de la Justice, grand ordonnateur de la suppression de la peine de mort en France. Son ancrage à gauche est donc marqué. Renaud n'oublie pas non plus les organisations antimilitaristes ou anarchistes, auxquelles il accorde aussi quelques interviews. Cependant, un événement va le marquer à jamais. Dont il tirera des conséquences, dont il dressera le bilan. Un véritable fait politique. Qui aurait pu briser la carrière d'un artiste, tout autre que lui. Nous sommes en 1985. L'été approche, et Renaud a déjà écrit bon nombre des chansons du 33 tours que tout le monde attend. Ce sera pour l'automne et le bébé s'appellera *Mistral gagnant*. Et le voilà invité à une grande fête populaire à Moscou. Les Jeunesses communistes françaises pensent à Renaud pour représenter le pays – et leur mouvement – à cette manifestation d'ampleur internationale. Celui-ci accepte, devant l'excitation provoquée par la perspective de concerts donnés sous d'autres cieux, devant un public différent. Un chanteur français qui se produit dans un pays non francophone, la chose n'est pas banale, et le coup vaut d'être tenté. Pour se faire les dents, en quelque sorte, Renaud, à l'avant-veille de son départ pour Moscou, chante à Ivry, en solidarité avec les salariés en grève de l'entreprise S.K.F. Renaud politique, mais Renaud social, aussi. Ce concert donné, l'artiste s'envole pour la capitale soviétique (car la chute du communisme dans les pays de l'Est n'est pas encore d'actualité). Il doit y donner trois concerts, dont un à Gorky Park. Et c'est l'incident. Contre vents et marées, Renaud a souhaité chanter *Déserteur*, une chanson dont on peut aisément deviner le peu de popularité en U.R.S.S. À l'énoncé des vers « quand les Russes, les Ricains, feront péter la planète, moi j'aurai l'air malin avec ma bicyclette, mes pantalons trop courts, mon fusil, mon calot, ma ration d'topinambours et ma ligne Maginot », trois mille spectateurs quittent le lieu du concert, en silence (ils n'ont pas l'habitude, il est vrai, de se livrer à des protestations bruyantes), mais sous le regard attentif des

caméras de télévision. Mouvement spontané à l'écoute de cette phrase qui assimile les deux géants d'alors, de l'Est et de l'Ouest, dans leur supposée volonté de transformer le monde en un gigantesque feu d'artifice, ou départ décidé d'avance, programmé sur ordre suprême, parmi un public choisi, et qui n'a pu entrer que muni d'un laissez-passer ? On ne le sait pas, ou on fait semblant de ne pas le savoir. Renaud, lui, a son idée sur la question. Il explose littéralement à sa sortie de scène. D'émouvants moments de révolte que la chaîne française FR 3 relatera magnifiquement dans une émission du vendredi soir. Là, dans une des détresses les plus profondes qu'il ait été amené à connaître, Renaud peaufine déjà une chanson au titre prédestiné : *Fatigué*. Où il n'évoquera pas de façon directe l'événement de juin 1985, mais où il criera sa rancœur à la face des fomenteurs d'injustice en tous genres…
Cette fois, l'avertissement est sérieux. Comme avait pu l'être, quelques mois auparavant, de façon moindre toutefois, la manifestation en faveur de Greenpeace, en plein Paris, à laquelle participait Renaud, et où celui-ci avait connu quelques menus avatars avec la police. Ne se mêle pas de politique qui veut, et Renaud en ressent comme une blessure, une de plus. Paradoxe, on ne peut se jeter dans le grand bain sans se brûler, et cela Renaud ne l'oubliera pas, même si, un jour, il sera candidat lui-même à des élections. Des européennes, plus précisément, où, au côté de Jacques Higelin, il se placera volontairement à la queue d'une liste menée par des autonomistes corses ! Malgré cette exception bien surprenante, il ne s'estime plus alors l'âme d'un militant à proprement parler. Il estime avoir « déjà donné », sans ignorer, toutefois, le rôle politique attribué aux chanteurs un tant soi peu engagés, à qui on demande sans cesse leur avis sur les grandes causes, les grands enjeux nationaux ou internationaux.
Quand on consulte le contenu de son œuvre, on s'aperçoit qu'à ses débuts, en tout cas, la politique y est rarement présente de façon directe. Étonnant, il est vrai, de la part d'un chanteur qui

a commencé à faire ses classes au beau milieu des événements de mai 1968, et pour qui la politique était la seule préoccupation. Dans son tout premier album, on sentait l'ébauche d'un style de chansons « coups de poing », qui deviendront monnaie courante par la suite. La politique, Renaud l'aborde en affichant sans réserve sa sympathie pour l'anarchie. Ouvrons la parenthèse pour évoquer encore Georges Brassens qui, une seule fois, dans une chanson choc intitulée *Hécatombe* (quel chef-d'œuvre, d'ailleurs !), avait cité ce mot, parlant de ces « mégères gendarmicides », et tonnant : « Frénétique, l'une d'elles attache le vieux maréchal des logis, et lui fait crier «mort aux vaches, mort aux lois, vive l'anarchie !» Une chanson que Renaud ne manquera pas de reprendre dans son album hommage au poète éternel, sorti en 1995. Pas vraiment étonnant, non ! Le répertoire de Renaud n'emploie pas, lui non plus, ce mot à de nombreuses reprises. Mais qu'il est sous-jacent, ce petit vocable, dont le Larousse donnait jadis cette définition : « Anarchie : absence d'autorité dans un Etat. Anarchiste : rebelle à toute autorité. » Dans un texte écrit en 1974, et qui n'a jamais été inséré dans aucun album, Renaud parlait de Ravachol, célèbre anarchiste, « qui avait des idées pas si folles, des idées terroristes ». Mais, dans ce domaine précis, c'est dans *Société, tu m'auras pas* qu'il plante le mieux le décor : sa carrière à peine commencée, il se sent déjà traqué. C'est qu'à cette époque, seuls les inconditionnels de Brassens ou de Ferré connaissent et apprécient ce genre de chansons. Déjà, dès son premier album, Renaud craint d'être récupéré, comme Antoine et Dylan avant lui. Mais il choisit délibérément de se faire connaître d'entrée, attaquant la société, ce mot tant employé, souvent à tort et à travers, au cours de ces années soixante-dix. Renaud, près de trente ans plus tard, peut se targuer d'avoir respecté ses engagements. La société ne l'a pas eu, elle a évolué, en même temps que lui. Dans un univers où l'argent règne en maître, il n'a pas pour autant été récupéré. C'est le public qui est venu à lui, avec l'évolution des mentalités. Et si, aujourd'hui, il crie toujours avec autant de force sa haine des curés ou des militaires, et qu'il le fait dans des salles toujours plus grandes, c'est bien qu'il soit resté sincère. Il n'a pas pour cela converti les foules à l'anarchie ni à l'anticléricalisme. Renaud est aimé aussi dans les milieux sur lesquels il s'acharne. Des ecclésiastiques sans soutane, et des militaires sans uniforme, se glissent sans aucun doute au cœur de ses admirateurs. Certes, Renaud n'a pas été récupéré. Ou pas trop. Car, en 2002, à l'heure de la renaissance et de la sortie de *Boucan d'enfer,* il figurait bel et bien sur la couverture d'un magazine « people », en compagnie de Lolita, sa fille. Mais bon, si, pour l'occasion, cela lui a permis de faire découvrir à un public plus large la période infernale qu'il venait de traverser, il est donc pardonné...

La première véritable chanson politique de Renaud reste *Hexagone.* On pourrait presque plutôt la qualifier de « sociétale », pour faire tendance. En bon anarchiste qu'il est, il a su jeter son dévolu sur la communauté des Français moyens, allumant le feu de la révolte et dénonçant de multiples formes d'autorité, à travers un tableau dressé de façon chronologique, de janvier jusqu'au Noël suivant. Par cette grande fresque, où les drapeaux noir et tricolore font se heurter leur hampe, Renaud s'ouvre un créneau, dont on savait, déjà à l'époque, qu'il lui serait bien difficile de sortir. Mais quand il aborde ses derniers vers : « Si le roi des cons perdait son trône, y'aurait soixante millions de prétendants » (c'était cinquante, dans la version originale), il s'adresse tout autant à lui qu'à son public, n'épargnant personne sur son chemin. Difficile de ne pas établir un rapprochement avec une chanson de Brassens, *La ballade des gens qui sont nés quelque part,* où celui-ci ne cherchait pas davantage à s'exclure de la faune des chauvins, des « gens du cru » qu'il dénonçait à tour de bras.

À la limite du « politique » et du « sociétal », d'autres chansons ont vu le jour au cours de ces dernières années. Exemple : *Socialiste,* qui, comme nous l'avons vu, raconte une aventure amoureuse ratée, mais ne se contente pas de cela. Elle affirme haut et fort : « Comment tu veux changer la vie, si tu balises pour ton bien ? On peut pas être à la fois un mouton et un mutin », puis « On peut pas être à la fois et au four et au moulin, on peut pas être à la fois Jean Dutourd et Jean Moulin... » Là, Renaud met en exergue les doutes et les questions posées par l'arrivée de la gauche au pouvoir : quelle piste suivre ? Faut-il un véritable changement de société ou se contenter de gérer le quotidien ? Des questions auxquelles les politiciens de gauche ne savent pas répondre eux-mêmes aujourd'hui ! Et pour lesquelles François Mitterrand lui-même a entretenu un certain flou. Mitterrand. Le mot est lâché. Car, pour Renaud, le nom de l'ex-chef de l'Etat est quasiment synonyme du mot politique. Une espèce de passion violente. Comme celle d'un fils pour son père, ou son grand-père. Ou pourquoi pas son oncle, puisque Renaud emploie volontiers le surnom de « Tonton », choyé des Français, au cœur des années quatre-vingt. Les deux hommes se connaissaient personnellement. L'un n'était pas toujours d'accord avec l'autre. Mais une sorte de bouleversante fascination les unissait. Au plan politique, on a vu avec quel scepticisme Renaud a voté Mitterrand le 10 mai 1981. Il était de gauche, il a voté à gauche. Logique. Mais sans illusion. L'admiration est venue par la suite, plus personnelle que véritablement politique. Le chanteur, en 1984, avait déjà avoué une « petite tendresse » pour le président de la République lors d'une interview donnée à l'occasion de la diffusion télévisée d'un de ses concerts au Zénith de Paris. La raison ? Renaud chantait alors *Déserteur*, reprise du texte de Boris Vian, jadis interprété par Mouloudji, et regrettait que ce soit à ce président-là que puissent être adressés de tels mots : « Monsieur le président, je suis un déserteur, de ton armée de glands, de ton troupeau de branleurs. » Comme s'il avait à s'excuser d'un crime de lèse-majesté ! Mais cette tendresse, cette affection, vont s'affiner au fil du temps. Dans une émission télévisée, sur FR 3 Ile-de-France, en 1985, Pierre Desproges, encore un regretté ami de Renaud, adresse à ce dernier un gentil reproche : « Tu lui fais trop confiance », lui dit-il à propos de Mitterrand.

Pour Renaud, c'est comme si, désormais, rien ne pourait plus porter atteinte au vieil homme. Critique, parfois de façon acerbe, sur la politique de gauche au pouvoir en France, il n'en est pas moins un admirateur du chef de l'Etat, pourtant principal instigateur de cette même politique ! La preuve : dans l'album *Marchand de cailloux*, de 1991, Renaud renoue avec sa tradition propre des chansons ultracourtes, des textes flash, qu'il avait laissé tomber depuis bien longtemps. Dans le *Tango des élus*, en quatre vers assassins, il crache : « Et dire que chaque fois que nous votions pour eux, nous faisions taire en nous ce cri : ni dieu ni maître ! Dont ils rient aujourd'hui, puisqu'ils se sont faits dieux, et qu'une fois de plus, nous nous sommes fait mettre. » Aucun commentaire suranné ne s'impose ! Et pourtant, c'est dans le même album – celui de la maturité, dira-t-on souvent – que Renaud dédie toute une chanson à François Mitterrand. Tout naturellement, elle s'intitule *Tonton*. Une chanson à double entrée, à lectures multiples. Ou tout le monde peut trouver son compte. Les pro et les anti-Mitterrand peuvent s'en donner à cœur joie, ce texte les contente les uns comme les autres ! Cette « silhouette insolite, bloc de granit » a « le regard des sages », il est « la force tranquille, sereine, il est comme un grand chêne », qui sait « la futilité de toute chose, la douceur et la fragilité des roses ». « Tonton s'en va, à petits pas » : pourtant, la chanson a été écrite cinq ans avant le décès du chef d'Etat. Mais ces mots résonnent déjà presque comme une oraison funèbre. Il y a du « Adieu, Monsieur le professeur » de Hugues Aufray, là-dedans. Dans toutes ces citations, on trouve respect et affection devant tant de sagesse. Voilà pour les « pro ». Mais les « anti » peuvent se réjouir : celui qu'ils n'aiment pas en prend aussi pour son grade. « Tonton » ne deviendra donc pas le nouvel hymne du Parti Socialiste ! Car « le vent, pourtant, emporte son joli chapeau que le chien rapporte », et, résultat « Tonton râle » ! Du bloc de granit énoncé plus tôt, il ne reste plus qu'un presque grabataire au soir de sa vie. « Tonton est colère, tout va de travers » : rien ne s'arrange, donc. Et puis, cerise sur le gâteau : « Le vieil homme a, c'est dur, un caillou dans sa chaussure, un vieux rhume qui dure. Et puis cette nuit, misère, il a rêvé qu'un beau jour, la gauche revenait... » Et voilà que Renaud le prend pour un homme de droite, maintenant ! Tous les Français sont renvoyés dos à dos, devant ce portrait de leur président de l'époque. Pour ma part, j'ai saisi davantage de dévotion que de mépris, dans ce texte. Mais les avis peuvent être partagés...

Les souvenirs sont tenaces, et la flamme ne s'éteint pas. Renaud, dans son album *Boucan d'enfer*, remet le couvert, en nous offrant un nouvel hommage mitterrandien. Cette fois, d'une façon beaucoup plus originale. Baltique, le labrador du défunt président, en est le personnage central, il s'adresse aux auditeurs à la première personne du singulier. Dans le livret du disque, Renaud a rédigé un genre de préface à son nouveau texte : « En janvier 1996, lors des obsèques de François Mitterrand, son chien n'a pas été autorisé à pénétrer dans la petite église de Jarnac. C'est sous la pluie, tenu en laisse par un proche de « feu Tonton », qu'il a attendu la fin de la cérémonie. Ce beau labrador noir s'appelait Baltique. » Un chien devenu si célèbre qu'il est même statufié au pied de son maître, à l'entrée de sa propriété de Latche, à Soustons, dans les Landes. L'argument de la chanson est simple : pourquoi tant d'anonymes, parfois indifférents, ont-ils le droit de s'approcher de la tombe du président, alors que lui, le chien fidèle, le confident, le compagnon des moments d'exaltation comme des plus insondables souffrances, devrait rester à distance ? Avec un nouveau quatrain en forme d'hommage non dissimulé : « Prévenez-moi lorsque quelqu'un aimera un homme comme moi, comme j'ai aimé cet humain que je pleure tout autant que toi. » Renaud donne même dans le larmoyant, mais aussi dans le sublime, avec ces mots : « L'amour dans le cœur d'un chien, c'est le plus grand amour qui soit. » Et, au cœur de cette chanson austère et sérieuse, où l'on sent clapoter les pieds trempés des visiteurs sur les cailloux mouillés du cimetière de Jarnac, Renaud parvient à glisser un jeu de mots, pas malhabile pour deux sous : « Un jour pourtant, je le sais bien, Dieu reconnaîtra les chiens » ! François Mitterrand est donc définitivement canonisé pour Renaud. D'ailleurs, au lendemain de la mort de l'ex-président de la République, le chanteur fera partie du carré des proches autorisés à se recueillir sur sa dépouille, au domicile parisien de Mitterrand. Un insigne honneur décerné par Danièle Mitterrand, la veuve du président, elle-même ! Renaud effectue un renvoi d'ascenseur à sa façon, en incluant feu le président dans le cercle fermé des amis qu'il aimerait aller retrouver dans son « Bistrot préféré », toujours à bord de l'album *Boucan d'enfer.* Il le confesse : Renaud aimerait se livrer à quelques menues libations, « entouré de Desproges et Reiser, et Tonton ». Mitterrand côtoyant cet humoriste et ce dessinateur, mais aussi Serge Gainsbourg, Coluche, Jacques Prévert ou Frédéric Dard. Rien de plus logique pour Renaud, qui, à la manière d'un Pierre Arditi, reconnaît chez l'ex-président un ami des artistes.

Mitterrand mort et enterré, son chien laissé seul, à l'abandon, loin de son maître, c'est un peu d'idéal qui s'efface, chez Renaud. Cet « anarcho-mitterrandiste » n'exprimera jamais avec autant de fougue son enthousiasme à l'égard d'un autre homme politique. Il préfère jeter son dévolu – mais négatif cette fois – sur d'autres. Comme sur Bernard-Henri Lévy qui, à la limite de la jet-set et de la politique, à la fois philosophe et ambassadeur autoproclamé de la pensée française sur les théâtres de guerre internationaux, représente l'archétype du personnage contre lequel Renaud aime à se défouler. Et il ne se gêne pas, dans *L'Entarté*, où « l'idole de Saint-Germain-des-Prés », suspecté « d'écrire avec ses pieds » est descendu en flèche par un chanteur qui, visiblement, lui préfère sa compagne Arielle Dombasle. Et le confirme : « Poupée Barbie bien allumée, mais non j'ai pas dit « déjantée », malgré ses cheveux peroxydés, l'est plus sympa que son simplet. » D'ailleurs, cette chanson a failli coûter un procès à Renaud. Par quelles malheureuses circonstances, nul ne le sait, le texte encore dans les cartons de l'artiste, Bernard-Henri Lévy se le

procure, le montre à son avocat. Renaud raconte la scène au micro de Marc-Olivier Fogiel, sur France 3 : « L'avocat a songé à m'intenter un procès. Et BHL a coupé court à ses velléités en disant : «Je suis grand seigneur, je n'en ferai rien ! ».
Au fil du temps et de ses nouveaux disques, Renaud, toujours dans une certaine optique politico-sociale, a montré un intérêt certain pour les minorités, qu'elles soient ethniques ou culturelles. On l'a vu, il a même poussé la démarche jusqu'à se présenter au bas d'une liste menée par plusieurs autonomistes corses, lors d'élections européennes. Sans espoir de siéger au Parlement européen de Strasbourg, en habit de député continental, mais plus simplement pour faire preuve de solidarité Un sentiment qu'il concrétisera plus tard, en devenant, pendant sa période de galère, l'ami de François Santoni. Ce dernier qui fut le chef nationaliste de l'organisation A Cuncolta, est un des personnages clés dans le difficile – et souvent incompréhensible pour les continentaux – écheveau du processus d'autonomie en Corse. Le journal *Le Monde*, daté du 31 mai 2002, consacre tout un article au nouvel album de Renaud, mais titre sur cette rencontre et cette amitié de quelques soirs : « Quand Renaud chante Santoni, rebelle « encagoulé » contre un «putain d'Etat.» La journaliste Ariane Chemin ouvre ainsi son papier : « C'est un étrange hommage, celui d'une amitié parisienne scellée autour d'un verre, à la Closerie des Lilas, où les deux hommes s'attablaient en voisins. La treizième chanson du dernier album de Renaud, *Boucan d'enfer*, qui signe la renaissance d'un chanteur amateur de vapeurs d'alcool, mais passé par plusieurs cures de désintoxication, est un hommage à François Santoni, l'ancien chef nationaliste d'A Cuncolta. *Corsic'armes* est dédiée à Christelle (elle préfère écrire Christel), sa compagne. Santoni est tombé devant elle, criblé de balles, le 17 août 2001, à la sortie d'un mariage à Monica d'Aullène, en Corse du Sud, alors que le couple allait rejoindre la maison familiale de Giannucciu. » Même si Renaud, dans *Corsic'armes*, avoue : « On se connaissait peu, je le croisais parfois, dans un bar parisien, à deux pas de

chez moi », il reconnaît avoir éprouvé pour François Santoni une amitié profonde. Et même avoir été émerveillé, tel un enfant dont le grand-père raconte ses aventures, en l'écoutant : « Me parlait d'Ajaccio, de Calvi, de Bastia, des corrompus notoires, des élus, des mafias », avant d'ajouter : « Moi qui ai toujours aimé tous les Robins des Bois, les peuples insoumis, j'aimais ça... », rêvant de « ce pays que j'aime, quand il vit libre, épanoui, loin du bruit, de la fureur des fusils ». Comment ne pas établir une comparaison entre cette chanson confession et une autre, parue bien plus tôt, en 1988 exactement, dans l'album *Putain de camion*, et baptisée *Jonathan* ? Le Jonathan en question n'était pas un nationaliste corse, mais un artiste sud-africain, plus connu sous le nom de Johnny Clegg. Le « zoulou blanc » s'était notamment illustré à la fin des années quatre-vingt, en chantant *Asimbonanga*, un appel à la libération de Nelson Mandela, alors encore emprisonné dans les geôles d'un pays écrasé par l'apartheid, et qui sera libéré en 1990, avant de devenir président de la République Sud-Africaine. « Entre guitare et fusil, Jonathan a bien choisi, ses chansons sont des pavés, des brûlots qui donnent des ailes aux marmots. » Et, puis, toujours avide de justice, de voir agir sous ses yeux un Robin des Bois en chair et en os, Renaud, comme il le fera plus tard pour François Santoni, se reconnaît en Johnny Clegg : « Jonathan, je suis comme toi un peu fou, un peu kanak, un peu zoulou, un peu beur, un peu basque, un peu tout, rebelle vivant et debout. » Dans *Triviale poursuite* (1988, album *Putain de camion*, le même que pour *Jonathan*), il abordera à nouveau la question des minorités, avec des allusions aux Palestiniens, aux Kanaks et aux Noirs prisonniers politiques sud-africains. « Combien de victimes, combien de milliers d'enfants, dans les décombres des camps, deviendront combattants ? », chante-t-il pour les premiers, employant, pour l'époque, des paroles d'une éclatante actualité. « Combien de misère pour le peuple kanak ? Combien de coups de matraque ? », ajoute-t-il pour les seconds. « Qui détiendra le record et restera vivant, libre et innocent, derrière des barreaux ? », conclut-il pour les troisièmes nommés, évoquant, comme son ami Johnny Clegg à la même époque, l'ex-prisonnier devenu président, Nelson Mandela.

La politique, au sens large du terme, a toujours fait recette chez Renaud Aucun album n'y échappe, même, comme nous venons de le voir, le dernier, pourtant écrit dans un état d'esprit qui confinait au désespoir. Une chanson, écrite en début de carrière, peut encore maintenant servir de canevas à un itinéraire politique continu et diversifié, dans l'œuvre de Renaud. Il s'agit de *Où c'est qu'j'ai mis mon flingue*, dont nous avons vu qu'elle avait failli lui attirer les foudres du Parti Communiste français. Provocation, toujours, mais aussi volonté de la part de son auteur de toucher toutes ses cibles préférées à la fois, dans une chanson tant décriée et qui s'exposait, il est vrai, à une pluie de critiques bien désagréables pour Renaud lui-même. Cette chanson, au titre explosif, est particulièrement significative. Elle résume assez bien l'ensemble de la démarche politique de son auteur. N'oubliant personne, elle délivre une agressivité peu commune et qui, soyons-en sûr, a déplu, même, qui sait, à une partie de ses fans. Tir à vue ! Que personne ne bouge ! Tout y passe : les bourgeois, les flics, les « pousse-mégots » et les « nez-d'boeuf » en prennent pour leurs grades, ainsi que les hommes politiques de tous bords. Dans son « j'aime pas le travail, la justice et l'armée », Renaud lâche tout ce qu'il a de haine et de rancœur dans un même jet.

À commencer par les flics : ils représentent pour lui l'autoritarisme et l'ordre. Ils les a affrontés de fort près, en mai 1968, il les a vus aussi mettre un terme aux agissements de quelques loubards, dont certains étaient ses copains, ou ses fréquentations. Pour lui, « à tous les coins de rue, y'en a cent », comme il le chantait déjà en 1975, dans *Hexagone*. Dans la majorité des albums renaudiens, les représentants de la police sont présents, de ceux qui viennent surveiller les participants à « La boum » à ceux (il s'agit de gendarmes, cette fois) qui se rendent chez ses parents, en espérant arrêter le « Déserteur », en passant par ceux qui interviennent lorsqu'on fait trop de bruit chez « Germaine ». C'est comme une obsession : on se demande parfois si Renaud

Chanteur à la gueule d'ange, Renaud a ici à peine vingt-cinq ans. La légende était déjà en marche.

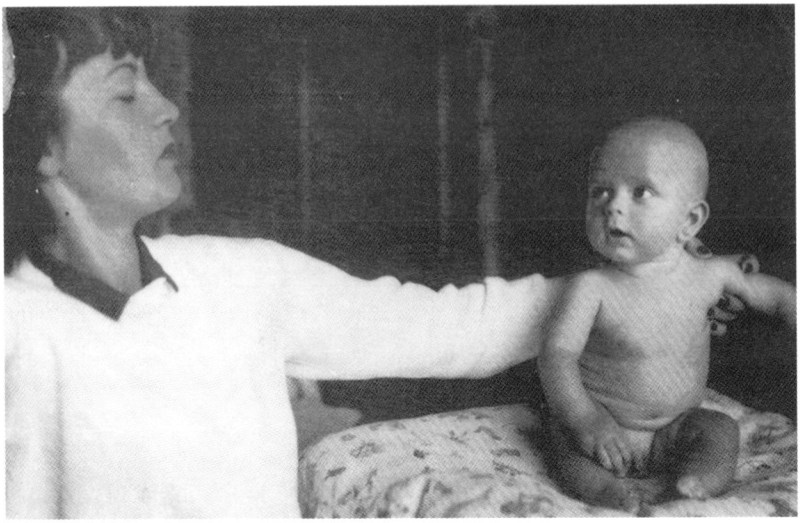

A peine né, l'artiste fait déjà la fierté de sa mère, Solange.

Tout petit, déjà au contact de la nature. Renaud écolo ? La preuve…

Le poulbot, symbole du Paris qu'il adore, est tatoué sur le bras gauche. À noter que Renaud, très jeune, portait fort bien les Marcel…

À bord de la Maknovtchina, à l'époque de sa passion pour la mer. Le vent a continué à souffler, mais le bateau, lui, a été vendu.

Avec Michel Pons, l'ami accordéoniste des débuts. Premiers concerts improvisés dans les rues. Prémices de succès…

A Los Angeles, pendant l'enregistrement de *Morgane de toi*. En compagnie de Lolita, alors une toute petite fille.

Lors du tournage du clip de *Morgane de toi*, Serge Gainsbourg est aux commandes.

La période noire n'était pas encore là. Le sourire malicieux était toujours au rendez-vous. *(© Presseagentur Dukas/PR)*

Renaud version 1992. Le look de Lantier, le héros de Germinal, qui fera de lui une star du cinéma. *(© Presseagentur Dukas/SYGMA)*

Plusieurs fois, au cours de sa carrière, l'artiste a eu chaud. Ce document en témoigne… *(© Presseagentur Dukas/SIPA)*

Avec Julien Clerc, Juju l'ami, le confident, le fidèle.
(© Presseagentur Dukas /Angeli)

En juin 2002, c'est la rentrée télévisée, dans l'émission *Vivement dimanche*, animée par Michel Drucker. *(© Presseagentur Dukas/Angeli)*

Renaud, Charles Trénet, Hugues Aufray, Charles Aznavour. Un document pour l'éternité… *(© Presseagentur Dukas/Angeli)*

Johnny Hallyday, l'idole (ici avec son épouse Laetitia), mais aussi le partenaire au cinéma, dans le film Crime spree. *(© Presseagentur Dukas/Angeli)*

Plus rebelle que jamais: blouson de cuir, jean en lambeaux. Au joli temps de la quarantaine… *(© Presseagentur Dukas/SYGMA)*

L'accordéon: un curieux mélange d'aspirateur et de machine à écrire. Et aussi un fidèle compagnon de scène. *(© Presseagentur Dukas/SYGMA)*

Titouan Lamazou, ancien marin, toujours artiste. Le livret de l'album *Boucan d'enfer*, c'est lui. *(© Presseagentur Dukas/GAMMA)*

Les traits sont encore épais. Mais le sourire est revenu. La renaissance arrive… *(© Presseagentur Dukas/PR)*

Le visage glabre, les valises sous les yeux. Docteur Renaud ou mister Renard ? *(© Presseagentur Dukas/SIP)*

ne rêve pas de képis, d'uniformes ou de matraques ! Avec le temps, il deviendra moins virulent contre les flics. Ceux-ci apparaîtront moins en épouvantails, en monstres froids. A tel point que Renaud surprendra son monde en révélant, au printemps 2002, qu'il avait fait un don à la Mutuelle de la police française, essentiellement pour venir en aide aux orphelins, aux enfants de ceux qui sont tombés dans l'exercice de leurs fonctions. Renaud solidaire des flics, de ceux sur qui il a craché si abondamment, un blouson de cuir sur le dos, pendant sa prime carrière de chanteur ? Non, n'allons pas jusque-là. Son geste récent en faveur du mouvement mutualiste policier revêt un aspect social que chacun se sera empressé de remarquer. On reconnaît là la « patte » de sa chanson *La ballade de Willy Brouillard* (1994, album *A la belle de Mai*). Que voilà un singulier personnage : un policier par défaut, en quelque sorte. Que Renaud ménage, comprend, soutient presque. Avant de se reprendre, et de conclure par ces mots : « Où t'as vu que j'allais faire une chanson à la gloire d'un poulet ? Ça serait vraiment le monde à l'envers, le fond de la misère. Est-ce qu'on peut mettre de la musique sur la vie d'un flic ? » Chanson à deux vitesses, donc. Car, ce fameux Willy Brouillard, avant d'être remis à sa place en fin de texte, attirait presque la sympathie au début : « Il voulait vivre entouré de minots, protéger les pelouses, les moineaux », ou encore « il a jamais fait de mal à une mouche, même à une noire, une louche, il a choisi entre deux galères, celle où tu bouffes », étaient des vers à l'écoute desquels on pouvait craindre (ou espérer ?) une inflexion de la pensée renaudienne à l'égard d'une corporation jadis tant décriée. Mais il n'en est rien. Toutefois, Renaud n'a pas fait la moindre allusion aux forces de police dans son album *Boucan d'enfer*. Se serait-il calmé ? Ou y aura-t-il de nouveau « de la haine dans ses seringues », dans ses hypothétiques prochains albums ? Une fois passée l'immense crise morale qu'il vient de connaître, sans doute s'attellera-t-il, goulûment, à de nouvelles chansons qui feront trembler les képis et les matraques. Il n'est pas déraisonnable d'envisager la chose...

Les curés : ah, les pauvres curés, décriés par cette ribambelle de chanteurs anars, souvent vilipendés pour leur attachement à l'autorité, dont ils sont des représentants comme les autres. Pourtant, la religion, Renaud la connaît : son père est d'origine protestante, et le grand-père de son père était même un pasteur ! Des religieux dans la famille Séchan, il faut vraiment le vérifier pour le croire ! Et pourtant, c'est vrai, incontestable. Des religieux, oui, mais pas des curés, et la nuance n'est certainement pas étrangère dans la façon la plus appliquée avec laquelle, à de nombreuses reprises, Renaud « bouffe du prêtre », au cours de son œuvre. Ce détail familial important, plus la haine ou la retenue qu'ont traditionnellement les anarchistes contre la religion qui est, nous venons de le voir, une autre forme d'autorité et de pouvoir : il n'en faut pas plus à Renaud pour la bousculer, avec souvent beaucoup de candeur, mais néanmoins sans concession. Dans *Pourquoi d'abord ?*, une chanson très ancienne, quelque peu oubliée – sauf des fans invétérés – Renaud a ce mot où l'esprit bon enfant le dispute au blasphème pur et dur : « Ton bon Dieu il est mort, avec Jésus sur la croix, ils l'ont crucifié avec trois punaises, et pi y s'est barré ! ». Là, vraiment le bouchon est poussé très loin, trop loin même, aux dires de certains. Avec ses tout premiers albums, Renaud s'est déjà mis du joli monde à dos : le nombre de ses détracteurs augmente alors autant que celui de ses admirateurs. Mais la façon avec laquelle il tourne son *Pourquoi d'abord* prouve qu'une fois de plus, il exagère volontairement les situations, qu'il gonfle de moitié au moins la teneur de ses propos. Mais qui n'y prête pas une oreille attentive peut s'y méprendre. Si c'est le cas, le tour est joué, et gagné ! Il est toutefois remarquable que, sur l'ensemble des sujets que sa verve a choisi d'exploiter fréquemment, celui de la religion n'est pas le plus méchamment enfoncé. On trouve même, dans *La teigne*, une série de vers réparateurs : « Si y'a un bon Dieu, une sainte Vierge, faut qu'ils l'accueillent à leur enseigne », ou encore « mais j'suis sûr qu'au ciel, c'est un ange ». Et cela dans le même album que *Pourquoi d'abord* ! D'autres anarchistes de renom ont, avant lui, accordé quelques ménagements aux curés. Le plus célèbre d'entre eux, Georges Brassens, n'est-il pas allé jusqu'à intituler une de ses chansons *Je vous salue Marie* ? Alors, pourquoi tant de haine, pourrait-on penser ? D'autant plus que Renaud a, à de multiples reprises, rencontré le père Guy Gilbert, auto baptisé « prêtre des loubards », curé atypique qui n'a de cesse d'aller soulager, au cœur des rues les moins fréquentables, la détresse qu'il peut y trouver. D'autre part, Renaud a exprimé à plusieurs reprises son respect pour l'abbé Pierre, fondateur des communautés d'Emmaüs, pourfendeur de la misère, qui était allé jusqu'à célébrer les obsèques de Coluche ! D'ailleurs, Renaud n'a jamais, au cours de sa vie, connu de problèmes particuliers avec les représentants de l'ordre ecclésiastique. C'est davantage leur fonction, les relations qu'il leur prête avec toutes les formes de pouvoir, à travers toutes les époques de l'Histoire, que la personnalité elle-même des prêtres, qui a tendance à l'agacer. D'où ces chansons coups de poing, presque brutales parfois. Nous avons vu que *Pourquoi d'abord* avait été, au début de sa carrière, l'exemple type d'un manque de respect clairement affiché à l'endroit de la chose religieuse. Mais il a récidivé depuis. Y compris dans ses tout derniers disques, où sa virulence ne s'est pas calmée. Personne n'a oublié cette déjà légendaire *Ballade nord irlandaise*, dont la musique est souvent reprise en chœur dans les tribunes du stade Bollaert, celui du Racing-club de Lens, dont Renaud, de par son rôle dans le film *Germinal* et ses origines maternelles et nordistes, est un fidèle supporter. Là, pas de sommation : Renaud tire à vue. Et le prouve : « Tuez vos dieux à tout jamais, sous aucune croix l'amour ne se plaît, ce sont les hommes, pas les curés, qui font pousser les orangers. » Descendez, on vous demande ! Renaud frappe fort, comme il le fera à nouveau dans son album suivant, *A la belle de Mai*. À plusieurs reprises, en plus. Et sans retenue, une fois encore. Dans *Le petit chat est mort*, où Renaud pleure la disparition brutale de son animal domestique préféré, il parvient à glisser : « T'as jamais vu un pape sur les toits, être trop près

du ciel, p't'être qu'y z'aiment pas.» Re-belote dans le *Sirop de la rue*, où Renaud réussit l'exploit de mêler religion et politique, évoquant le journal *le Figaro*, qu'il ne doit pas souvent trouver sur sa table de chevet, au petit déjeuner: «Aujourd'hui, ce journal est l'ami des enfants, au Front National comme au Vatican.» Et ce n'est pas tout: cerise sur le bénitier, Renaud s'offre une autre formule enflammée, dans *Lolito Lolita*: «Moins nombreux malgré leur poids, Lolito Lolita, viennent curés et prélats, ils prieront pour toi. Ils te diront ferme-la, travaille, consomme et tais-toi. Et le ciel t'appartiendra, Lolita.» À noter, dans cette chanson, la première apparition dans le répertoire renaudien d'une formation de polyphonie corse, intervenant comme un prélude à *Corsic'armes*, qui sortira huit ans plus tard.
Un peu calmé, mais surtout préoccupé avant tout par sa douloureuse rupture amoureuse, Renaud n'en remet pas dans le genre anticlérical dans *Boucan d'enfer*. À peine deux petites évocations, discrètes, dans *Baltique*: «Un jour pourtant, je le sais bien, Dieu reconnaîtra les chiens» et, un peu plus véhémente: «Et dire que ça se veut chrétien, et ça ne comprend même pas, que l'amour dans le cœur d'un chien, c'est le plus grand amour qui soit.» Ainsi qu'une allusion plutôt respectueuse, dans la dernière chanson du disque: «Mon bistrot préféré, quelque part dans les cieux, m'accueille parfois au jardin du bon Dieu.»
Les bourgeois, les flics et les curés sont servis. Place aux militaires Alors là, c'est plus sérieux! Et plus méchant aussi. Point de complicité possible, cette fois Renaud se déchaîne. Il se veut homme de paix, a lutté contre le surarmement, contre la bombe atomique, sans s'estimer manipulé «par les rouges ou les blancs». Pas de quartier: la bêtise humaine est, à ses yeux, parfaitement contenue et incorporée dans la discipline militaire. Comme beaucoup d'antimilitaristes, de surcroît issus de la période charnière de mai 1968, Renaud n'a pas effectué son service militaire. Il n'a pas pu vérifier, de l'intérieur, la réalité de ses affirmations. Peu importe! Après tout, il n'a pas eu besoin non plus d'être séminariste pour n'aimer point les curés,

ou d'avoir été élevé dans une famille fortunée pour détester les bourgeois. Il juge l'armée, et les militaires, d'après ce qu'il en voit, ce qu'il en constate, ce qu'il en entend. Dans *Déserteur*, on sait qu'il a foncé tête baissée pour déclarer, comme nous l'avons vu dans le passage consacré à ses relations avec feu François Mitterrand : « Monsieur le président, je suis un déserteur de ton armée de glands, de ton troupeau de branleurs. » Avec une hargne qui apparaît plus sincère et plus violente encore que pour le « ton bon Dieu il est mort » de *Pourquoi d'abord*.
Dans sa réalité quotidienne, Renaud dénonce régulièrement les nombreux conflits qui déchirent la planète. On l'a vu écrire, ainsi, sur le livret de son album *Marchand de cailloux*, faisant allusion au conflit dans le golfe persique : « Enregistré et mixé au studio Sarm West (Londres) du 10 janvier au 15 mars 1991, pendant leur sale guerre. » Sa haine de l'armée est donc internationale, universelle. Mais l'armée française a droit à une mention spéciale dans *Déserteur*. Reprenant ainsi à son compte le fameux concept de la « guerre de retard », il s'inquiète du moment où « les Russes, les Ricains f'ront péter la planète » (rappelons-nous de la réaction du public moscovite lors de son concert de juin 1986), et la façon dont, en France, il sera possible de s'en défendre. Et puis, la chanson étant formulée comme une lettre ouverte au président de la République, Renaud ne pouvait pas s'empêcher de teinter de bleu, de blanc et de rouge son attaque en règle. Écologiste au sens large du terme, aimant la nature et entendant la voir vivre encore longtemps, Renaud détecte en l'armée la force destructrice définitive. Il rit souvent en pensant que, le 11 novembre ou le 8 mai, on célèbre la paix en présence d'une foule de militaires. On est aussi en droit de lui rétorquer que l'armée peut être une force de paix. De même pour la bombe atomique qui est peut-être, allez savoir, le meilleur garant de la sécurité des États, par son aspect dissuasif. Des arguments qui se tiennent et qui méritent réflexion, tout comme ceux de Renaud, d'ailleurs. Plus utopiste qu'anarchiste (mais les deux ne se rejoignent-ils pas dans un idéal absolu ?) au sujet de

l'armée, le chanteur rêve d'un monde pacifique, d'où l'uniforme serait banni. Façon *Imagine* de John Lennon, en quelque sorte ! Renaud a toujours refusé d'être perché au-dessus des nuages, dans une tour d'ivoire imbécile. Poète de son temps, il garde les pieds sur terre. Il est, à l'image de ses chansons, un homme réaliste, qui s'accroche encore à l'idée d'un monde heureux. Au moins s'efforce-t-il de le rendre moins affligeant pour les siens. Commencer la paix dans la rue, avec ses voisins, ses relations : n'est-ce pas là un début de solution ? Brassens ne prônait pas autre chose, quand il chantait : « Gloire à celui qui se borne à ne pas trop emmerder ses voisins. » Mais la haine de Renaud envers l'armée est également épidermique, elle s'exprime par simple réflexe, par simple coup de cœur. Cela ne l'a d'ailleurs pas empêché, enfant, de suivre, avec ses yeux encore tout neufs, le déroulement de la guerre d'Algérie. On en parlait sur les terrains vagues situés à proximité de l'appartement de ses parents, à la porte d'Orléans, et on en parlait aussi chez lui. Renaud se souvient même d'avoir écouté avec attention les déclarations du général de Gaulle… qui, jusqu'à preuve du contraire, était bien un militaire ! Ces propos, il les interprétait avec son esprit enfantin, certes, mais y prêtait tout de même une certaine importance. Déjà, on lui avait dit que dans ce conflit – comme dans tous les autres – on trouvait des bons et des méchants. Mais on lui avait dit, aussi, que les bons et les méchants pouvaient ne pas être les mêmes, suivant le camp dont on se sentait le plus proche. Dure réalité que celle-là, et Renaud commençait à s'en apercevoir, en regardant tourner le monde. Flics, curés et militaires : des personnages qu'on retrouve souvent associés dans ses chansons. Tout ce qui porte uniforme, d'une façon générale, ne peut trouver grâce à ses yeux. Bien qu'on lui ait reproché, à lui aussi, de porter une espèce d'uniforme sur scène : cuir, santiag's, et bandana.

Bien des années après *Déserteur* et autres chansons où l'armée est renvoyée à ses chères études, Renaud poursuit le combat, à sa façon. Il part en guerre contre l'armée et les imbécillités profondes qu'il croit y voir apparaître. Exemple frappant dans *Trois matelots*, une chanson qu'il interprétera à l'ouverture des concerts de sa tournée 1985-1986 (y compris pour son second triomphe en deux ans au Zénith de Paris) : « Nous étions trois jeunes militaires, pas trop amoureux de la guerre, mais nous voulions bien nous faire tondre, en échange d'un tour du monde sur un joli bateau en fer. » Et puis, avec une vigueur absolue : « Si votre enfant est un salaud, un vrai connard, une tête pleine d'eau, faites-en donc un militaire, alors il fera carrière, sur un navire, dans un bureau. » Dans le même opus, mais dans un autre texte, celui de *Morts les enfants* (un des plus aboutis, sans doute, que Renaud ait eu à écrire), il en remet une couche : « Bal à l'ambassade, quelques vieux malades, imbéciles et militaires, se partagent l'univers. » Puis, au cours de ces dernières années, il signe aussi, en guise de dernier titre de l'album *A la belle de mai*, un violent texte en forme de bombe : *La médaille.* Qui est ce fameux « maréchal de France », accablé de haine par l'artiste ? Foch ? Joffre ? Peu importe, sans doute. Renaud en fait un instrument de son aversion viscérale anti-armée. Et il l'affirme avec une certaine volupté : « Maréchaux assassins, sur vos bustes d'airain, vos poitrines superbes, vos médailles ne sont que fiente de pigeon, de la merde. » Et encore : « Le môme, mine de rien, a joliment vengé les enfants et les mères que dans vos sales guerres, vous avez massacrés », puis « Maréchaux assassins, vous ne méritez rien de mieux pour vos méfaits, que cet hommage immonde, pour tout le sang du monde par vos sabres versés ». Avant de conclure, plus férocement encore : « Maréchaux assassins, l'amour ne vous dit rien, à part bien sûr celui de la patrie, hélas ! cette idée dégueulasse, qu'à mon tour je conchie. »

Quand il criait dans *Où c'est qu'j'ai mis mon flingue ?* : « J'aime pas le travail, la justice et l'armée », Renaud avait presque dressé une chronique de sa haine ordinaire, avait livré la presque totalité de son fiel venimeux. Il eût été plus complet encore s'il avait ajouté : « J'aime pas les flics ni les curés. » Le travail, tiens, justement, attardons-nous sur ce concept qu'il voit évoluer dans une optique politique plus large, qu'il stigmatise, qu'il considère, dans cette chanson-mitraillette, presque comme une tare. Politique, oui, car Renaud parle du travail en le situant toujours dans un contexte social. Quand on sait, pourtant, la somme de travail, précisément, que représentent près de trente ans de carrière, on est en droit de s'interroger. Il répond, dans *Baston*, donnant la parole à son pote Angelo : « Y rêvait d'un travail où faudrait pas pointer, où tu pourrais aller que quand t'en as envie, que tu f'rais par plaisir, pas pour gagner du blé. » Ne pas rechigner dans un travail quand on sent qu'on peut s'y assumer, s'y accomplir : voilà ce que Renaud a voulu dire par là. D'ailleurs, il s'étonne lui-même, actuellement, comme lors des précédents épisodes de sa carrière. À peine rentré d'une tournée, ou à peine sorti d'une crise morale des plus terribles, il s'aperçoit, chaque fois, que la scène lui manque. Et la scène, c'est son travail ! Même si on n'y va pas forcément quand on veut, comme le désirerait Angelo. L'autre facette de son métier, l'écriture et l'enregistrement de ses disques, il aime aussi. Le travail, pour Renaud, prend un sens tout particulier : vis en faisant ce qui ne te plaît pas, et bonjour la galère ! Réalise-toi en faisant ce que tu aimes, et ce n'est plus du travail ! C'est un peu cela qu'il faut comprendre quand Renaud chante son dégoût pour le travail. Et ne pas se borner à croire qu'il se livre à une incitation à la débauche, à un encouragement à l'oisiveté. Même s'il chante, dans *Tout arrêter*, issu de *Boucan d'enfer* : « J'ai arrêté un jour d'exercer mon boulot, renoncé à parler aux journaleux idiots, j'ai rangé ma guitare, et coupé mon micro, arrêté la musique, et arrêté les mots. » Mais son contexte personnel de l'époque explique ces vers d'une radicalité effrayante. D'autant plus que son travail – le nouveau disque, sa promotion, une nouvelle tournée –, il l'a maintenant repris totalement. Que ne pouvait-on pas se laisser prendre, pourtant, quand il disait, dans *Étudiants, poil aux dents* : « Y'a longtemps qu't'as pigé qu'y faut jamais travailler, et jamais marcher au pas » ! De toute façon,

Renaud ne prétend pas donner de leçons de morale, ni dispenser de conseils : il chante ce qu'il aime chanter, et le public, sur cette base, l'a rejoint beaucoup plus nombreux qu'il aurait même osé l'imaginer.
Mais avant de devenir un travailleur de la chanson heureux, Renaud a connu d'autres galères. Revenons loin en arrière : en mars 1969, il décide brusquement d'arrêter ses études. À seize ans et demi, la vie au lycée Claude-Bernard lui est trop pénible, il y fait de plus en plus l'école buissonnière. Et, depuis peu, il s'est découvert une nouvelle passion : la moto. Comme ses parents ne roulent pas sur l'or, il doit travailler pour s'en acheter une à crédit. La mère d'un ami l'embauche comme magasinier dans une librairie du boulevard Saint-Michel. Il y deviendra ensuite vendeur, et y restera jusqu'en 1971. Il a sa moto, il est heureux, et, en outre, il continue à écrire quelques chansons, encouragé par le succès – tout relatif tout de même – de *Crève salope*, qui avait bien « marché » autour de 1968 à la Sorbonne et dans les MJC. Parallèlement, il se fait enrôler au Café de la Gare, pour y jouer dans *Robin des quoi ?*, de Romain Bouteille. Là, il fait la connaissance de ce dernier, mais aussi de Coluche – déjà lui – de Miou-Miou, ou encore de Patrick Dewaere, qu'il avait rencontré par hasard lors de courtes vacances à Belle-Ile-en-Mer, et dont il conserve le souvenir ému, comme il l'exprime dans *Mon bistrot préféré*. Le jour à la librairie, le soir au théâtre. Il commence à gagner quelque menue monnaie, en même temps qu'il découvre les joies et les angoisses de la scène. Ayant honoré son contrat au café de la Gare, Renaud ne regrette pas cette expérience. Et il est tout fier, aujourd'hui encore, à la pensée que son rôle de Robin a été, un peu plus tard, repris dans ce même café-théâtre par un certain Gérard Depardieu, qu'il retrouvera bien des années après sur le plateau des films *Germinal* et *Crime Spree*.
Renaud ne parvient pas à se « motiver » dans son travail de vendeur de livres : il arrive presque tous les jours en retard, et s'attire vite l'antipathie de ses patrons qui, un jour, finissent par le congédier. Pendant quelque temps, il sera employé dans

une autre librairie, mais dans la ville d'Avignon, cette fois. Plus tard, quand il sera revenu à Paris, duquel il a décidément bien du mal à se séparer, Renaud continuera à travailler dans la vente des bouquins, et sera même représentant. Mais, sa bougeotte finira par l'emporter : il n'exercera rarement plus désormais qu'une poignée de semaines les mille et un métiers qui s'offrent à lui. Finalement, il s'aperçoit, au fil du temps, que la chanson et l'écriture sont ses véritables passions. Il en vivra pour la première fois quand, avec son ami Michel Pons, il ira, à grands renforts de chansons réalistes, se faire connaître dans les cours d' immeubles. Michel à l'accordéon, Renaud à la voix, tous deux verront bientôt arriver les premières pièces de monnaie, lancées en reconnaissance de leur réel talent. Le travail, désormais, va cesser d'être une contrainte pour Renaud : il gagnera de quoi vivre comme il l'entend, en s'amusant comme un fou entouré de gens qu'il aime. Et puis, un jour, Renaud va faire un vrai spectacle, sur une vraie scène, avec un vrai public. Il débutera à la Pizza du Marais, où il ne pourra pas, chaque soir, remplir la salle de concert, située au sous-sol de l'établissement. Un soir, même, il entrera en scène avec Michel Pons, constatant que seuls deux spectateurs ont pris place dans les gradins. Il aura alors ce mot magnifique, s'adressant à son maigrelet public : « Match nul ! » Et puis, le temps passant, Renaud grattera sa guitare en première partie des tout premiers shows de Coluche qui, lui, commence à gravir les échelons de la célébrité, avec sa fameuse *Histoire d'un mec*, qui ouvrait traditionnellement ses spectacles. D'abord au café de la Gare, puis au fameux Caf'conc', Renaud, à qui Paul Lederman, le producteur de Coluche, précisément, a décidé de faire confiance, commence à se tailler un joli petit succès. Et puis l'engrenage se met en branle : en 1975 sort son premier trente-trois tours. Renaud, un peu dépassé par ces événements successifs, ne parvient pas encore à se placer dans la peau d'un chanteur professionnel. Ce n'est qu'après la sortie du second album, et de son formidable succès *Laisse béton*, qu'il comprendra : le music-hall l'appelle, le public accourt, et pour ne pas le décevoir, il faut travailler. A partir de ce moment, Renaud va passer son temps entre les tournées, les studios d'enregistrement et les scènes parisiennes et de province. Entre-temps, il faut écrire de nouveaux textes et de nouvelles musiques : auteur-compositeur-interprète, il est au four et au moulin, les disques se succèdent, et le temps s'emballe, se met à passer bien vite. Parfois, il regrettera de ne pas avoir pris le temps de s'arrêter, et de monter sur les planches pour s'y livrer, cette fois, à son autre passion : le théâtre. L'envie de devenir acteur, de théâtre ou de cinéma, l'a toujours démangé. Il n'a pas été le seul chanteur dans ce cas : Jacques Dutronc et Alain Souchon, Jacques Brel et Charles Aznavour avant eux en ont été de prestigieux exemples. Sans parler d'Eddy Mitchell, qui, lui aussi, joue admirablement sur les deux tableaux. Ce rêve devait bien se réaliser un jour : Renaud allait devenir, à son tour, une star du cinéma, en tenant le rôle principal dans *Germinal*, un film au budget gigantesque pour l'époque…

En fait, la carrière cinématographique de Renaud a véritablement débuté en… 1956 ! Avec son frère jumeau David, on le voit apparaître, furtivement, jouant un rôle de figurant dans le film d'Albert Lamorisse, *le Ballon rouge*. Quatre ans à peine, et déjà star du grand écran… ou presque. À la télévision, Renaud jouera, au cours des années soixante-dix, dans plusieurs « dramatiques », comme on disait alors, ou « téléfilms », vocable plus volontiers employé aujourd'hui. Alors qu'il n'est qu'à l'aube de sa carrière de chanteur, on sait déjà que Renaud est capable de jouer sur plusieurs registres, que les cordes de son arc artistique sont plus variées qu'on n'osait l'imaginer. Mais c'est au tout début des années quatre-vingt-dix que naît le projet d'adapter, enfin, le roman fleuve d'Emile Zola. Claude Berri (*Jean de Florette. Manon des sources*) s'y attelle. À une seule condition : que Renaud soit inclus dans la distribution. « Quand j'ai émis ce projet, je reconnaissais Renaud dans le personnage de Lantier. Dès lors, il n'était plus question qu'un autre comédien tienne le rôle », se plaît encore à rappeler le metteur en scène et scénariste de *Germinal*. Renaud réfléchit, hésite, pense qu'il ne sera pas à la hauteur, puis se décide. Advienne que pourra ! Il prévient Claude Berri : il sera bien Lantier ! Direction le pays minier du Nord-Pas-de-Calais, là où son grand-père maternel Oscar a passé une partie de sa vie, « dans le fond ». Ce retour aux sources, cette volonté de « revoir le pays » joueront une fonction déterminante dans la décision de Renaud d'accepter le rôle. Le tournage a lieu en 1992, et Renaud est illico presto placé sous la protection presque nourricière de Claude Berri lui-même. Ensemble, dans une maison construite au bord de l'Escaut, ils travailleront, chaque soir, et Berri lui apprendra les ficelles d'un métier auquel le chanteur n'est pas encore tout à fait acclimaté. Mais il est vrai que le casting du film a de quoi rassurer Renaud. Il va notamment retrouver Miou-Miou, son amie du café-théâtre, qui jouera le rôle de la Maheude, cette femme provisoirement sortie de l'enfer des mines pour cause de multiples maternités. Mais aussi l'immense Gérard Depardieu, qu'il a aussi connu à ses débuts qui, lui, jouera Maheu, l'époux de Miou-Miou, mineur généreux, et le père respecté et craint par sa famille et ses collègues de travail. Et c'est même à Jean-Louis Roques, le fidèle compagnon accordéoniste, qui a accompagné Renaud pendant tant et tant de tournées, qu'est confiée la mission délicate de composer la musique du film, ce qui lui vaudra une nomination aux Césars du cinéma. La distribution s'orne d'autres joyaux du cinéma français : Jean Carmet est éblouissant dans le rôle du vieux Bonnemort, Jean-Roger Milo l'est tout autant dans celui, hallucinant, de Chaval, mineur râleur et alcoolique. Mais on y voit aussi Laurent Terzieff (plus connu pour ses incomparables prestations théâtrales), Bernard Fresson, Jean-Pierre Bisson, Anny Duperey. Et puis, il y a la jolie Judith Henry, la fille, dans le film, de Miou-Miou et Gérard Depardieu. Catherine Maheu, le personnage qu'elle campe dans *Germinal*, pourtant dévolue, par force, à l'horrible Chaval, tombe amoureuse folle du jeune Lantier, jusqu'à mourir dans ses bras au cours d'une scène finale éclaboussante, où Renaud, remontant du puits détruit par Souvarine (Laurent Terzieff), affiche un visage véritablement christique. Pendant que la Maheude hurle son désespoir, après avoir déjà perdu, au cours de la même période, son fils, mais aussi son mari Maheu-Depardieu, tombé sous les balles des gendarmes lors d'une manifestation organisée par les mineurs à la suite d'une grève qu'ils avaient déclenchée pour revendiquer une augmentation de salaire. Pendant près de trois heures, *Germinal* étale la condition ultra-précaire des mineurs de l'époque – nous sommes sous Napoléon III – et montre la misère de la classe ouvrière, souvent résignée à son propre sort, avant que Renaud-Lantier, à la suite d'une rencontre avec Carmet-Bonnemort, ne se fasse embaucher à la mine et ne tente de la sortir de sa torpeur, avec ses convictions révolutionnaires. Renaud, visiblement, se plaît à merveille dans la peau de ce trublion généreux et séduisant qui, à l'aide de « camarades de la Sociale », rencontrés ici et là, va finir par faire évoluer les mentalités ouvrières, et plier le patronat, le forcer à une relative humanisation des mines qui mettra, pourtant, bien des décennies à se concrétiser plus complètement. Car *Germinal* ne se termine pas sous les meilleurs auspices. La plupart de ses compagnons de misère meurent – dont sa « fiancée » Catherine – ou finissent criminel, comme Bonnemort. La Maheude, elle, privée de son mari et de deux de ses enfants, se résoudra à retourner « au fond », à revêtir ce triste costume de mineur qu'elle avait déjà connu étant enfant. Et finalement, Lantier, routard dans l'âme, quittera les terrils et les corons, partant à l'aventure, traversant d'immenses champs de blé pendant que se déroule le générique de fin, sous la lecture des derniers paragraphes de l'œuvre de Zola qui annoncent la « germination » des temps futurs, l'espoir de ne plus voir quelques riches – traités carrément de « fainéants » par l'auteur – dominer et écraser de si nombreux pauvres. Curiosité, tout de même : dans *Germinal*, Lantier s'oppose de façon vindicative aux convictions anarchistes de Souvarine, un homme surgi de nulle part et rencontré dans un bistrot (déjà ?), qui lui profère des propos qu'il ignore, du genre « cette société renaîtra par le feu et par le sang ». Des mots qui se transformeront en actes, puisque c'est Souvarine qui, avant de quitter la cité minière, déclenchera la fuite d'eau qui deviendra inondation, et envahira le fond de la mine, tuant des centaines d'ouvriers. Renaud dans un rôle de révolutionnaire : passe encore, mais s'opposant à un anarchiste pur et dur, qui, tel Ravachol, pourtant jadis chanté par Renaud (« Il avait des idées pas si bêtes, des idées terroristes »), voilà qui est plus surprenant ! Renaud n'a pourtant pas trahi les idées qui l'animent depuis sa prime jeunesse. Au contraire, il a voulu rester fidèlement proche de la classe ouvrière, celle qu'il a par la suite, si bien chantée dans *Son bleu* (1994, dans l'album *A la belle de Mai*), hymne dédié à un travailleur quinquagénaire, jeté du jour au lendemain dans les affres du chômage. La participation – en tant que figurants ou conseillers techniques – d'anciens mineurs (les derniers puits du Nord-Pas-de-Calais venaient alors de cesser leur exploitation) a eu chez Renaud un rôle bénéfique. Sur le plan professionnel, ils lui ont permis de peaufiner son style, de découvrir ce monde si particulier, celui d'un enfer à plus de six pieds sous terre. Mais personnellement, et humainement, Renaud apprendra également beaucoup de ces anciennes « gueules noires », dont il avait souvent entendu parler par sa mère et son grand-père Oscar, mais qu'il n'avait jamais réellement fréquentées. Avec ces hommes et ces femmes, pendant le tournage, il passera de nombreuses soirées à faire la fête, à trinquer, à déguster cette bière qui leur sert de point de ralliement. Un peu plus tard, toujours avec eux, il créera la « fondation Germinal, destinée à venir en aide aux anciens mineurs et à ce secteur géographique – le plus septentrional du pays – soudainement abandonné au chômage, à la suite de la fermeture des puits. Le club de football alors le plus performant de la région, le Racing-club de Lens, l'aidera même dans ses démarches. Bien avant sa sortie, le film est annoncé à grand renfort d'immenses affiches placardées au cœur de ce pays minier qui en attend l'arrivée avec une impatience non contenue. On y découvre, sur une photo gigantesque, Renaud au cœur de la foule des mineurs, hurlant le désespoir des « gueules noires », se rendant à cette fameuse manifestation qui sera fatale à Maheu-Depardieu. De ce film, on parle dans les bistrots, on l'évoque au travail, à Condé-sur-Escaut et ailleurs, au cœur du pays et ses anciennes mines, dont on devine encore l'existence par la présence des terrils jalousement conservés, certains sont même devenus de véritables parcs d'attractions ou abritant un musée dédié à ce vieux métier disparu. En 1993, enfin, *Germinal* sort en salle. Et c'est le triomphe, une des plus belles réussites du genre pour cette époque. Les critiques les plus spécialisés trouvent Renaud parfois un peu tendu, un peu coincé, mais ne l'assassinent jamais. Son jeu, tout en finesse et en détermination dans le propos et la conviction, recueille une quasi-unanimité de sentiments positifs. Seule ombre au tableau : comme c'est souvent le cas pour les films dits « commerciaux » et destinés au « grand public » (comme si c'était une insulte !), *Germinal* est quelque peu boudé par les Césars du cinéma. Renaud, qu'on voyait déjà recevant le César du meilleur interprète masculin, acclamé par la foule des grands soirs et du « tout-Paris », au milieu du strass et des paillettes les plus superficielles, ne figure même pas parmi les « nom**més** » (le mot « nominés », tant et tant de fois rabâché, étant impropre). Même si ces récompenses, souvent issues de soirées d'auto-congratulation, décernées par les « professionnels de la profession » (c'est l'expression consacrée), n'ont jamais été la tasse de thé de Renaud, celui-ci gardera cet échec comme une blessure profonde, qui lui fera refuser plusieurs rôles, et qui mettra un terme à sa carrière de comédien, jusqu'au tournage récent de *Crime Spree*, au Canada. Renaud a déjà été, depuis le début de sa carrière, boudé plus qu'à son tour, par l'académie des Victoires de la musique. Un comble pour un artiste si adulé pendant un quart de siècle, un peu comme si Brassens et Brel n'y avaient pas eu droit, si toutefois les « Victoires » avaient existé de leur temps. Renaud avait pourtant animé lui-même une de ces interminables soirées télévisées – dont le chanteur

américain Ray Charles avait été l'invité d'honneur – sans pouvoir brandir une seule des récompenses qui lui semblaient promises ! Même la pochette du disque *Mistral gagnant*, dont la photo était signée David Séchan – son frère jumeau – n'avait pas obtenu la Victoire de cette catégorie aujourd'hui abandonnée. Et la chanson éponyme, une des plus belles, assurément, jamais écrite par un auteur français, a été rejetée, renvoyée à ses chères études, délaissée et pourtant adorée par des millions de personnes. *Mistral gagnant* sera même reprise, beaucoup plus tard, par le chœur des « Enfoirés », lors d'une de ces fameuses soirées dédiées aux « Restos du cœur » de Coluche. La version qu'en donneront alors Vanessa Paradis et Maxime Le Forestier peut être considérée comme un modèle du genre.
Paradoxe : c'est avec l'album *Renaud cante el' Nord*, né pendant la période où l'artiste tournait *Germinal*, qu'il remportera sa seule « Victoire », dans une catégorie quelque peu marginale, aujourd'hui tombée dans les oubliettes. Judicieux retour des choses, tout de même, d'avoir enfin accordé à Renaud une récompense grâce à son œuvre la plus originale, écrite toute en langue « ch'ti », celle du Nord. Attardons-nous, d'ailleurs, sur cet opus, voué à connaître le succès au-dessus de la Loire, mais à rester dans l'anonymat à Paris et dans les régions situées plus au sud. Que nenni ! Plusieurs centaines de milliers d'exemplaires de ce disque atypique seront pourtant vendus à travers toute la France. Parce qu'on ne passe pas à coté d'un « nouveau » Renaud. Et puisque ayant admiré le chanteur dans son habit de comédien, dans *Germinal*, on ne peut se refuser le plaisir de le retrouver en Nordiste accompli, y compris jusqu'à en parler la langue, hermétique à qui ne vit pas dans le nord de la France. Même si le Lantier de *Germinal* n'était pas un véritable « ch'ti », mais plutôt un travailleur parisien (il habitait avec sa mère, dans le quartier des Gouttes-d'Or, au cœur de la capitale) venu, en quête de travail, rejoindre les corons et leurs mineurs.
La pochette du disque ne laisse pas de surprendre. Sous le titre *Renaud cante el'Nord* (Renaud chante le Nord), on voit l'artiste,

la tête penchée sur un accordéon des plus anciens, tentant de lui extraire des notes qui fleurent bon le folklore « ch'ti ». Assis sur une estrade de fortune, il a pour voisin un tout jeune garçon (Cédric Cousin, dans le civil), jouant de la trompette, juché sur une chaise, près d'une grosse caisse et de plusieurs instruments à vent... mais aussi de trois chopes de bière, qui n'attendent plus que de généreux dégustateurs. Le livret, lui, est sur fond blanc, uniforme et unicolore, sans photo ni illustration d'aucune sorte. Rien à voir avec l'opulent catalogue de *Boucan d'enfer* ! Renaud dédie notamment cet album « aux amis de Wallers-Aremberg, Vieux-Condé, Valenciennes et Oignies, qui m'ont fait découvrir ces «bellottes tiotes canchons», c'est-à-dire, en vieux gaulois, ces « belles petites chansons ». Parmi les musiciens moins réputés que ceux qui, d'ordinaire, sillonnent les routes de France et de Navarre avec Renaud, on retrouve tout de même l'irremplaçable Jean-Louis Roques, décidément inamovible compagnon, jusqu'en pays minier. En douze chansons, Renaud revisite le Nord à l'ancienne : pas un titre qui n'évoque la vie des mineurs, pas un refrain où la silicose (terrible maladie respiratoire, due à l'abondance de la poussière de charbon dans les poumons, qui a fait tant de ravages chez les « gars du fond ») ne soit présente. Et où les mots « terrils », « corons » ou « molettes », inscrits définitivement au patrimoine minier, ne règnent en maîtres. Parmi les plus émouvantes de ces chansons, citons *Adieu ch'terril d'Rimbert*, dédiée à la mémoire des mines aujourd'hui trépassées de Wallers-Aremberg, un lieu resté mythique pour sa célèbre « tranchée » que traversent chaque année, au début du mois d'avril, les coureurs cyclistes de Paris-Roubaix. Mais aussi « les Molettes », qui expriment le regret des mineurs devant la fermeture progressive des sites houillers, malgré la précarité matérielle et les ennuis de santé qu'ils ont pu leur causer. Même chose pour *Dù qu'i sont*, où Renaud, dans une chanson signée Guy Dubois et Simon Colliez, pleure la disparition des « compagnies de mineurs » et leur cortège de porions, galibots, ingénieurs, lampistes, « filles à gaillettes » et autres « carrieux d'carbon ». La chanson se termine par un quatrain qui, traduit dans la langue de Molière, donne à peu près ceci : « Ils sont rentrés dans la légende de notre siècle, à la fosse nos pères ont souffert, ont péri. Leurs dures misères méritent qu'on les respecte, conservons leurs chevalets et leurs terrils », le tout accompagné du son lancinant d'une scie musicale, dont joue Maurice Dalle. Mais l'album est aussi empli des notes printanières de refrains que les Nordistes savent si bien reprendre, les jours de première communion, ou de banquets associatifs. Tout le monde, là-bas, connaît *Les tomates*», *M'lampiste* ou *I bot un d'mi*, dont Renaud donne ici des versions fidèles aux originales. Ce disque, enregistré au studio Gorgone de Lille et mixé à celui du Palais des Congrès de Paris, est une véritable réussite. Certes, les chansons peuvent paraître vieillottes aux jeunes générations, mais elles ont au moins le mérite de ne pas tomber dans le « ch'ti » de pacotille, dans un style folklorique de bas étage. Elles respectent, célèbrent, déclament. Une réussite, on vous dit !

Chanteur et acteur : voilà donc les deux métiers du troubadour des temps modernes. Du boulot, tout de même, pour celui qui, comme nous l'avons vu plus tôt, déclare à qui veut l'entendre, et à tue-tête : « J'aime pas le travail... » ! S'il ne l'aime pas, au moins fait-il le sien du mieux qu'il peut. Alors, avec tout cela, sommes-nous encore en osmose avec le titre de ce chapitre, « Société, tu m'auras pas », tiré d'une vieille chanson de 1975 ? « Oui, mais moi, on m'aura pas », disait-il, notamment, dans cette dernière. Comment ne pas être un tout petit peu récupéré par une société friquée quand on a vendu des dizaines de millions de disques, qu'on a joué dans un des plus gros succès commerciaux du cinéma français, au côté, parmi d'autres, du « monstre » Depardieu ? Renaud a de l'argent. Il ne s'en est jamais caché. Sans mener pour autant une vie luxueuse ni rouler en Rolls-Royce, dont il pourrait sans doute s'offrir le plus beau modèle. Même dans ses moments de douleur intense, qu'il tentait de soigner à l'anisette et à la bière, nous avons vu qu'il disait entreprendre une thérapie qui n'avait rien de chiche, à base de

« Ricard à 45 balles ». Pourtant, osons l'affirmer : la politique, l'argent, la célébrité, la gloire, la société en général, n'ont pas « récupéré » Renaud au sens propre du terme. Depuis toujours, il a su faire la part des choses, il est de ceux qui ne sont pas faciles à convaincre ni à contenter, et, bon an mal an, malgré sa récente période de transition alcoolisée, il a continué à vivre sa vie à sa façon. Et puis, justement, si Renaud trouve encore la force et la motivation nécessaires à emballer les foules, comme il l'a fait pendant vingt-cinq ans, et comme il recommence à le faire aujourd'hui, c'est qu'il ne s'est jamais laissé déborder par ce qui lui arrive. Même s'il n'a pas toujours parfaitement conscience du phénomène qu'il représente. Non, mille fois non. La société ne l'a pas eu. Cette prophétie, issue d'une chanson tirée de son premier album, est toujours vérifiable aujourd'hui.

Eh ! déconne pas Manu...

Les copains. Les potes, ceux de la bande. Ceux d'hier, ceux d'aujourd'hui, dont Renaud a eu tant besoin pour se sortir de l'ornière implacable dans laquelle il était plongé voici quelques mois encore. Les copains, dans la vie de Renaud, comme dans son œuvre, ont toujours été présents. Sans relâche, quelles que soient les circonstances d'une existence faite de hauts et de très bas. Tout un univers amical, qu'on retrouve, ici et là, et qui lui colle si merveilleusement à la peau. « Des copains, j'en ai des tonnes », disait-il, dans *Peau aime* : « Tous les paumés, les ivrognes, tous les fous, tous les malades. » Évocation certes caricaturale, mais qui dévoile une vérité absolue chez Renaud : les copains, c'est important, c'est vital. Ils tiennent une telle place dans sa vie que, bien souvent, dans ses chansons, il n'éprouve pas le besoin de leur trouver un surnom. Un exemple ? Parmi d'autres. Prenez Michel, le héros de *La Blanche* : il existe, et se prénomme bien Michel. « La blanche », c'est l'héroïne, et le pote Michel en a fait usage pendant bien longtemps, et plus que de raison. Pas étonnant, dans ce cas, que cette chanson soit une des plus émouvantes, une de celles qui révoltent, une des plus attachantes du répertoire de Renaud, plus de vingt ans après sa sortie dans les bacs des disquaires.
Loulou ? Ce fameux Loulou, sorti tout droit de l'album *Morgane de toi*, paru en 1983, celui qui, la trentaine atteinte, continue de jouer au loubard, tente de perpétuer un univers pourtant révolu ? Oui, il existe, naturellement ! Et Renaud l'a dépeint assez férocement, n'hésitant pas à évoquer l'époque où Loulou était « moins gras, et moins con surtout ». Charmant ! Les autres exemples ne

manquent pas : on retrouve, au travers des albums de Renaud, ce genre de personnages, pittoresques et si bien dépeints. Comme les impressionnistes, par petites touches, Renaud en démonte le mécanisme, les décrit, les dévoile. Souvent, aussi, les choses ne sont pas aussi simples que pour Loulou ou Michel. Il s'amuse avec les mots, avec les situations, avec les personnages eux-mêmes. « la teigne », ce drôle de type, violent, mais surtout incompris, incapable de se contrôler, mais pourtant plein de tendresse, aurait pu être Renaud lui-même, tout simplement. Même si la fin de la chanson, où « La teigne » se suicide, ne correspond pas – et c'est heureux au regard des mois passés – au cheminement réel de Renaud, on se doit d'établir un rapprochement – d'autant plus maintenant – entre lui et cet être abattu, accablé, mal dans sa peau, difficile à combler. Car, longtemps, Renaud a aimé parler de lui à mots couverts. Avant de se « lâcher », de s'ouvrir totalement dans *Boucan d'enfer.* Le plus incroyable des exemples a trouvé ses racines dans la chanson la plus adulée du public (avec *Hexagone*), celle qui émeut toujours les foules, celle que Renaud – on l'espère du moins – ne pourra jamais retirer de son répertoire : *Manu.* Car Manu, c'est un peu Renaud. Les deux personnages, l'un bien vivant et l'autre censé être fictif, ont même amorcé un rapprochement brutal au cours de ces dernières années. Renaud, Pierre, Manuel Séchan, voilà comment a été baptisé ce jeune Parisien, né le 11 mai 1952. Et Manuel, tout naturellement, devient Manu ! Mais la chanson n'est pas pour autant une biographie, car Renaud aime à prendre un sujet pour base, et extrapoler au gré de son imagination. Manu, c'est à la fois celui qui est triste, qui essuie un chagrin d'amour. C'est aussi celui qui redécouvre la volupté d'être libre : « Eh Manu, vivre libre, c'est souvent vivre seul. » Il faudrait de nombreuses pages pour fouiller le contenu de cette chanson : un livre pourrait presque lui être consacré, tant elle donne naissance à une série de notions controversées. L'amitié en est bien sûr le thème originel, mais celui-ci est entrecoupé de mille autres. Un roman-fleuve, ce Manu ! Une chanson qu'on peut aisément comparer au

Jeff de Jacques Brel. Renaud ne connaissait pas – ou peu – cette chanson au temps où il a écrit *Manu*. On ne peut donc en aucun cas parler de plagiat. Depuis, il a l'écoutée. Et appréciée. Nous sommes nombreux à penser que *Manu* est encore plus son fort dans son argument, plus violent, fondé sur un texte et une mélodie qui « secouent » encore davantage l'auditeur.
Les copains, pour Renaud, sont des supports. Un complément indispensable à la famille, dont ils font partie, s'ils savent en adopter les règles. Souvent, encore aujourd'hui, on retrouve les mêmes « potes » qu'à ses débuts. Ils s'inscrivent dans un certain cercle fermé. La plupart de ceux qu'il a connus adolescents, ceux avec lesquels il fréquentait les « baloches » dans les années soixante-dix sont encore présents dans son paysage personnel. Renaud est fidèle : en amitié, cette fidélité devient un sacerdoce. Malgré le temps, malgré l'extraordinaire vague déferlante qui s'est abattue autour de son personnage d'artiste au cours de toutes ses années de carrière. On se souvient de quelle façon, dans l'album *Morgane de toi*, il a évoqué « Doudou », cette Antillaise, épouse du skipper d'un voilier, qui a été le point de départ de sa chanson *Doudou s'en fout*. Même si ce n'est pas directement la vie de cette jeune femme qui est contée dans la chanson. Ambiguïté qu'on retrouve souvent chez Renaud, chez la « Doudou », mais aussi pour *Manu* ou « Mimi l'ennui ». Des copains, le public en a croisés bien d'autres au hasard des chansons de Renaud. Il y a eu Dédé (et sa fameuse « tire »), Germaine, Lucien et sa bande infernale, le Manouche, d'autres encore. Comme « Angelo », de *Baston*, qui revit l'espace d'un instant dans *P'tit voleur*, en 1991. Autant de personnages insolites et qui, pourtant, de près ou de loin, ont tous un lien étroit avec celui qui les chante. Ses copains de la Porte d'Orléans, à Paris, ceux de l'école, ceux de mai 1968, ceux qui sont venus plus tard, constituent une source inépuisable d'inspiration pour Renaud. Grâce à eux, il sait faire partager son univers, faire don de l'atmosphère qui l'entoure. Ils sont son oxygène, son air pur. Au même titre que les membres de sa famille, sur lesquels nous nous attarderons dans le

chapitre suivant, il aime les protéger d'un voile mystérieux, en découvrant tout juste ce qui est nécessaire pour réaliser une bonne chanson.
Et la suite de sa carrière discographique n'a pas modifié cette ligne de conduite. Nous l'avons vu pour *Si t'es mon pote*, où il réclame l'amitié absolue à un collègue pilier de bistrot. Mais aussi pour *Jonathan*, le fabuleux Johnny Clegg, le « zoulou blanc » pour qui Renaud a gardé une tendresse infinie au fil du temps. Dans *P'tit voleur*, il force le pas, jusqu'à se mettre dans la peau d'un prisonnier qui cherche le réconfort de l'amitié pour s'évader par l'esprit, pour évoquer de chers souvenirs : « Enchristé depuis six mois, je t'écris, mon poteau, de derrière les murs, de derrière la vie. » Il donne même rendez-vous à ses potes au-delà de sa propre existence, en ces termes : « Barreau, garrot, une corde, à bientôt, en enfer, au paradis ou au bistrot ». Son « bistrot préféré », peut-être déjà, onze ans avant *Boucan d'enfer*. Un album où, encore, il place l'amitié au tout premier rang des sentiments, celui qui ne connaît pas la trahison, qui ne souffre pas le mépris ni les compromis. Car si Renaud, de par son expérience récente, émet des doutes quant à l'amour susceptible de durer toute une vie, il se garderait bien de faire de même pour l'amitié, qu'il place au-dessus de tout. La fidélité de ses amis lui a d'ailleurs été bénéfique – et même au-delà – dans la façon dont il a su gérer sa période noire, son passage à vide. L'amitié ne remplace pas l'amour, mais au moins tient-elle chaud au cœur, du moins empêche-t-elle l'âme en peine de céder aux pires extrêmes, celles qui lui faisaient écrire, dans *Boucan d'enfer* : « J'ai plus qu'une envie, c'est mourir, mais ça s'fait pas. » Tout au long de ce disque magnifique, l'amitié est omniprésente. Aussi bien dans *Je vis caché* (« Pour vivre heureux, je vis caché au fond de mon bistrot, peinard, avec mes potes, des vrais de vrai, loin de ce monde de fêtards »), que dans *Boucan d'enfer* (« J'ai beau rechercher auprès des potes le réconfort de l'amitié, bientôt z'en auront plein les bottes de m'voir pleurer »), ou dans *Corsic'armes* (évoquant François Santoni, il écrit : « Nous buvions

quelques verres jusque tard dans la nuit. Était-ce le chemin pour devenir amis ? »). Et puis, bien sûr, dans *Mon bistrot préféré*, hymne à l'amitié à tout crin, teinté d'un relent de misogynie à peine caché quand il déclame : « Mon bistrot préféré, quelque part dans les cieux, je l'avoue, désolé, manque de femmes, un peu. Mais les amis, les potes, qui le hantent toujours, savent aussi bien qu'elles ce que c'est que l'amour. »
Pourtant, il faut revenir quelques années en arrière pour trouver des hommages appuyés à deux de ses amis les plus chers : Jean-Pierre Bucolo et Coluche. Bucolo, le compagnon de route, celui qui avait déjà composé plusieurs musiques de l'album *Mistral gagnant*, dont celle de l'inoubliable *Miss Maggie*, mais aussi celles de *La pêche à la ligne* et du puissant *Si t'es mon pote*. Bucolo le guitariste, l'éternel ami, celui qui a ramassé plus d'une fois le chanteur à la petite cuiller, celui qui l'a tenu à bout de bras, avec quelques autres, pour, notamment, l'entraîner dans cette folle aventure qu'a été la tournée « Une guitare, un piano... et Renaud ». Bucolo le gentil, celui qui, dix-sept ans après *Mistral gagnant*, après avoir lui-même enregistré deux disques de chansons personnelles, puis avoir tourné avec divers artistes, dont Francis Cabrel, s'est remis à la composition, au service de Renaud, signant les musiques de *Docteur Renaud, Mister Renard, Petit pédé, Je vis caché, Manhattan-Kaboul, Tout arrêter, L'Entarté, Boucan d'enfer, Corsic'armes* et *Mon bistrot préféré*. Une paille ! Jean-Pierre Bucolo, le pote absolu, pour qui Renaud écrira, dans le livret de l'album paru en 2002 : « Merci à « Titi » Bucolo pour son indéfectible amitié et sa joie de vivre énervante. » « Titi » qui, bien entendu, méritait bien une chanson, même si celle-ci a été écrite bien avant le désespoir de ces dernières années. *La mère à Titi* a en effet vu le jour dans l'album *Putain de camion*, paru en 1988. Une époque où, déjà, Jean-Pierre Bucolo était un pote incontournable, un personnage de première grandeur dans la vie du chanteur. Une chanson certes dédiée – comme son titre l'indique – aussi bien à la maman de l'ami qu'à l'ami lui-même, mais empreinte de respect, de tendresse infinie. « C'est tout

p'tit chez la mère à Titi, c'est un peu l'Italie, c'est le bonheur, la misère et l'ennui, c'est la mort, c'est la vie » chantait-il. Ou encore : « Pis au bout du couloir, y'a la piaule à mon pote, où vivent ses guitares, son blouson et ses bottes, sa collec' de BD, et, au milieu du souk, le mégot d'un tarpé et un vieux *New Look*. Pour ajouter : « C'est tout p'tit chez la mère à Titi, mais Titi y s'en fout, y m'dit qu'sa vie est toute petite aussi, et que chez lui, c'est partout. » Hommage plutôt sympa à un ami, fidèle parmi les fidèles, que Renaud récompensera, en quelque sorte, en interprétant, chaque soir, *La mère à Titi* sur les scènes où les conduisait – avec le pianiste Alain Lanty – la longue tournée acoustique de fin de siècle.

L'hommage à Jean-Pierre Bucolo, qui a donné lieu à une chanson encore inscrite dans toutes les mémoires, n'est toutefois pas le plus marquant de la carrière discographique de Renaud. Aucun autre ne pourra jamais égaler *Putain de camion*, dédié à Coluche. L'humoriste s'est tué, à moto, le 19 juin 1986, sur une route de Provence. Il n'a pas survécu au choc qui a propulsé son engin contre un poids lourd quittant le chantier de construction du Club Méditerranée d'Opio. Coluche, alors, préparait son grand retour à la scène, après cinq ans d'absence. Un retour programmé en septembre de la même année, au Zénith de Paris. La mort de Coluche a constitué un des événements les plus bouleversants de l'année 1986 en France. Son talent et sa célébrité étaient tels qu'aujourd'hui encore, les sondages le placent toujours au premier rang des comiques français. Même les jeunes générations – qui ne l'ont pas connu vivant – reconnaissent en lui un immense artiste et un homme de cœur. Les Restaurants du cœur, précisément, qu'il a créés, et dont il n'aura connu qu'une campagne hivernale – celle de 1985-1986 – ont contribué à transmettre une image immortelle d'un personnage pourtant si décrié parfois. Pour Renaud, la mort de Coluche a une toute autre résonance. Les deux hommes se sont connus bien des années plus tôt, comme nous l'avons vu, à l'époque où le producteur Paul Ledermann avait confié à Renaud la première partie

du spectacle de Coluche. Jamais, par la suite, les deux hommes ne se sont perdus de vue. Coluche a même signé pour Renaud la chanson *Soleil immonde.* Et ce dernier en a fait le parrain de sa fille Lolita. Les liens unissant les deux artistes étaient d'une solidité à toute épreuve. La mort de l'un n'a pas effacé la fidélité de l'autre. Aujourd'hui encore, Renaud parle de Coluche comme d'un grand frère, qui lui manquera pour toujours. Le décès accidentel de Coluche est un drame national : Renaud, lui, le ressent comme une tragédie personnelle, presque familiale.
Lorsque l'humoriste se tue, Renaud est en tournée, au Québec. Pendant ses pleines années de gloire, au cœur d'une série de concerts qu'il débutait, une lampe de marin à la main, entonnant *Les trois matelots.* Un moment inoubliable pour ses fans, malheureusement terni par le décès brutal de l'ami éternel. Immédiatement, Renaud songe à écrire une chanson qui rendrait hommage à celui dont le souvenir ne l'a jamais quitté. C'est chose faite dans les jours qui suivent. Renaud chantera même *Putain de camion* sur scène, dès son retour en France, au début du mois de juillet 1986. J'ai personnellement assisté à un de ces concerts, donné sur la pelouse d'un stade du Havre, à la mi-juillet. Renaud, des sanglots dans la voix, avait alors donné de cette chanson une interprétation bouleversante, presque surnaturelle. Moins d'un mois après la mort de Coluche, personne n'osait encore y croire. Et entendre ainsi un texte rédigé à sa mémoire dépassait l'entendement. Longtemps, on a cru que *Putain de camion* allait rester lettre morte. Que cette chanson, d'une beauté brutale, ne figurerait jamais au sein d'aucun album. Qu'elle se contenterait de survivre dans un répertoire éphémère, dans une tournée où elle n'aurait laissé pour seule trace que celle d'un souvenir indélébile, survenant quelques semaines après l'événement qu'elle relate. Aussi a-t-on pu être surpris, à la sortie de l'album de Renaud, cru classé 1988. Non seulement *Putain de camion* y figure, mais la chanson donne même son titre à l'album tout entier ! Cela lui servira de tremplin, de nouveau départ, et, de ce fait, Renaud l'interprétera

encore dans sa tournée suivante, « Visage pâle attaquer Zénith », qui passera par le Printemps de Bourges, donnant lieu à un immortel double album live.
Le ton de la chanson est grave : ce n'est pas par hasard si elle figure en dernière position de l'album. La pochette elle-même est dédiée à Coluche : on y voit un bouquet de coquelicots, la fleur préférée de Coluche. Il en avait même un tatoué sur la poitrine ! Quant aux deux photos de Renaud figurant dans le livret, elles sont suffisamment significatives : le chanteur y a la mine triste, le regard dans le vague, penché vers le sol. « Putain c'est trop con, ce putain de camion » : le premier vers donne le ton d'une chanson désespérée, où la mort règne de façon absolue, déchaînant ses ténèbres pour rappeler la mémoire d'un homme dont, désormais, « on est tous orphelins ». La musique lancinante, s'éternisant pendant de longues minutes après les derniers mots, est dans la même tonalité. On y retrouve la même atmosphère de nuit noire, de matin brumeux, de soirée pluvieuse d'automne. Les notes frappent fort, comme dégoulinant vers un trou sans fond, un avenir sans espoir. « Tu nous laisses avec les chiens, avec les méchants, les crétins, sous un soleil qui brille moins fort et moins loin », ajoute Renaud, pour montrer jusqu'à quel point pouvait être grand son attachement pour le créateur de *L'histoire d'un mec*. Plus grave encore évoquant les deux fils de Coluche, Renaud en remet : « J'voudrais m'blottir dans un coin, avec Marius avec Romain, pleurer avec eux jusqu'à la saint-Glinglin. » Là, il touche au plus intime, en désirant montrer que les liens affectifs peuvent aller plus loin, parfois, que le simple respect qu'impose un tel drame. « Lolita n'a plus d'parrain, nous on n'a plus notre meilleur copain », est de la même veine. Tristesse, toujours. Inoubliable Coluche…
Les potes, les copains, les amis. Des mots magiques pour Renaud. Nul doute que, dans ses prochains disques, ceux-ci occuperont encore le devant de la scène. Ils viendront se glisser entre deux mélodies, au détour d'une double-croche, aux abords de refrains enflammés. Ils sont importants au chanteur, comme

pouvaient l'être ceux de Brassens. Et dans sa vie de tous les jours, qu'elle soit plus gaie que son passé récent, ou qu'elle soit encore teintée de gris, les copains auront toujours une place privilégiée. La première. Rien ne pourra y faire, pas même le temps, pas même la notoriété renaissante. Renaud reste une idole, oui, mais une idole qui n'oublie pas...

La sacro-sainte famille

Renaud a beau se sentir anarchiste au fond du cœur, il a beau n'avoir que peu de respect pour la plupart des valeurs traditionnelles, il en est une qui lui colle à la peau. Au même plan que les copains, dont on vient d'éprouver l'importance, la famille joue un rôle prioritaire dans sa vie. Elle en détermine le sens. D'ailleurs, le style artistique qui est le sien trouve son origine profonde dans ses antécédents familiaux. On le sait, on l'a dit et répété, Renaud est un garçon poli, gentil, bien éduqué, parfois naïf. Il a été aussi l'ami de ceux qui ne sont rien de tout cela, ceux qu'on appelait autrefois les loubards, les « mauvais garçons ». Cette fantastique contradiction se traduit par la naissance d'une polémique autour de son personnage, dès les premières années de sa carrière. Vrai ou faux loubard ? Démagogue ? Vrai bourgeois ? Renaud est comme il est, il est surtout comme on l'a fait. Et ceux qui l'ont fait, précisément, viennent d'horizons tellement différents. M. et Mme Séchan, les parents de Renaud, prénommés Olivier et Solange, n'ont pas connu le même itinéraire durant leur enfance. Mme Séchan a été élevée comme les petites filles du Nord dont le père est mineur. Son père à elle, à qui Renaud consacrera plus tard une superbe chanson (*Oscar*), est un sacré personnage, qui influencera le jeune Renaud. Mineur dans le Nord, grand-père Oscar « descend » à Paris un peu plus tard, pour y devenir ouvrier d'usine. La mère de Renaud, elle aussi, sera ouvrière. Et M. Séchan ? Le père du chanteur, lui, n'a pas grandi dans le même milieu. Mais pas du tout. Son père à lui était professeur de poésie grecque à la Sorbonne : il a même eu pour élèves Léopold Sédar Senghor et Georges Pompidou, qui ont tous deux connu la même destinée : devenir président de la République de leurs pays respectifs ! Le grand-père d'Olivier était pasteur, comme nous l'avons vu dans un précédent chapitre. De souche protestante, le père de Renaud a donc vécu dans une famille d'intellectuels : enseignants, hommes de lettres, artistes y sont en nombre. Pour autant, il n'a jamais été un homme riche : la fortune de sa famille se situe davantage dans la tête que dans le portefeuille. Il n'empêche que la mentalité y est toute différente de celle du débonnaire Oscar. Et Renaud, l'homme mais aussi l'artiste, est la conséquence directe de ce brassage de cultures. Fréquentant plus volontiers, dans son enfance, sa famille maternelle, il aime à écouter son grand-père lui « baratiner sa vie ». Fils de l'accordéon et de la musique classique, adepte tout à la fois d'Aristide Bruant et de Vivaldi, Renaud est un curieux mélange d'orange et de citron. Son répertoire en est la meilleure preuve, aujourd'hui encore.

Et voici qu'au foyer de Solange et Olivier Séchan, commence à se bâtir une véritable famille, un « team » indissociable. Six enfants vont y naître : trois garçons et trois filles, qui seront élevés avec tellement d'amour qu'aujourd'hui encore, l'âge venant, ils adorent leurs parents comme aux premiers jours ! L'aînée se prénomme Christine, aujourd'hui mariée à un avocat. Puis vient Nelly, qui épousera plus tard un professeur aux Beaux-Arts. Le troisième enfant du couple se prénomme Thierry, le grand frère dans toute l'acception du terme, celui qui voue un véritable culte à Renaud, qui l'évoque avec une tendresse qu'on ne peut imaginer. Ainsi, au journal *Le Parisien*, il confiait, le dimanche 23 juin dernier, évoquant les années d'enfer vécues par son frère : « Les grands chanteurs ne meurent pas. En ce moment, les gens ont besoin d'entendre un homme qui montre ses faiblesses dans un monde qui exalte la force. » Thierry Séchan est l'homme qui connaît le mieux Renaud. « J'écrivais des bouquins, je vivais en HLM avec ma femme, et, un jour, Renaud, m'a demandé de m'occuper de sa carrière », m'avait-il dit, en confidence, en 1984. Ainsi, pendant plusieurs années, Thierry a été l'éditeur des textes de

son frère, au sein de la société Mino-Music. Il a aussi participé à la production de plusieurs jeunes artistes, a signé les textes de plusieurs chansons de Daniel Lavoie et même de Julien Clerc (*Ma gitane*). Écrivain à ses heures, il a publié un livre intitulé *Nos amis les chanteurs*, qui a fait grand bruit dans le microcosme de la variété française. Intellectuel, mais néanmoins proche des milieux que fréquente son frère cadet, il est le pont, la jonction, la liaison entre les deux tendances qui animent cette famille.
Après Thierry naissent des jumeaux, le 11 mai 1952. David et Renaud. Mais David ne pourra que rarement faire le « coup du jumeau », remplacer son frère pour un rendez-vous ou une interview. Si vous le croisez dans la rue, vous ne vous douterez pas, de prime abord, qu'il puisse être le frère jumeau de l'artiste. La ressemblance physique n'est pas frappante. Cependant, David sera le compagnon de Renaud, celui avec qui il partagera tout durant l'enfance. La chambre, les copains, les copines. Par la suite, leurs itinéraires vont diverger, mais jamais se séparer totalement. David Séchan est l'auteur de la plupart des photos qu'on trouve sur les pochettes des premiers disques de Renaud. Son nom est imprimé à des millions d'exemplaires, il est un photographe de grande sensibilité, qui sait, et c'est bien logique, saisir la mimique de son jumeau, l'expression ou le rictus qui « passeront » aux yeux du public.
Renaud et David ne sont pas les derniers-nés de la famille, du clan Séchan. Il y naîtra encore une petite sœur, Sophie, dont l'époux est d'origine stéphanoise. Au milieu de toute cette chaleur familiale, Renaud sera « pourri d'amour », comme il aime à le dire encore aujourd'hui. Tout ce petit monde vivra dans le genre de logements qu'ont le droit de louer les fonctionnaires parisiens. Olivier Séchan est en effet professeur d'allemand, non par véritable plaisir, mais par nécessité impérieuse de nourrir sa famille. Car sa vocation première, c'est l'écriture. Et non sans réussite : le père de Renaud a glané plusieurs prix littéraires, et pas des moindres. En quelques années, il s'est vu attribuer le prix des Deux Magots, le prix Cazes et le Grand Prix du ro-

man d'aventure. Excusez du peu ! Il devra pourtant concilier cet amour de l'expression écrite avec son métier de professeur. Mais il signera également d'autres ouvrages, surtout à destination des enfants. Quelle émotion, dois-je le dire, le jour où j'ai trouvé, chez moi, au beau milieu d'ouvrages de jeunesse, un petit livre intitulé « Luc et Martine au bord du gouffre », signé Olivier Séchan ! Cette parenthèse personnelle refermée, il faut préciser que la maman de Renaud est, elle aussi, une femme de caractère. « Elle est merveilleuse », m'avait confié Thierry Séchan, il y a bien longtemps. Élevant ses enfants, et se donnant exclusivement à cette tâche, Mme Séchan conjuguera l'éducation qu'elle a elle-même connue, et celle que son mari lui inspire. Pour la première fois (ce fut la seule, d'ailleurs), les parents de Renaud ont accordé une interview télévisée, qui a été diffusée au printemps 2002 dans le cadre de l'émission dominicale de Michel Drucker, sur France 2, dont Renaud était l'invité vedette. Olivier Séchan, qui a atteint et dépassé les quatre-vingt-dix ans, et son épouse Solange, moins âgée, y ont parlé de belle façon de Renaud. Papa Séchan a même évoqué le souvenir d'un fils doué en français, à l'école, qui aurait pu « faire de brillantes études ». Et tous deux ont exprimé l'extrême fierté qu'ils éprouvaient devant la réussite professionnelle de leur fils. Émettant un seul regret : « Nous trouvons qu'il ne vient pas nous voir assez souvent. » Pourtant Renaud se joint le plus souvent possible à sa famille pour les repas d'anniversaire, où chacun se retrouve pour évoquer le cher passé. Comme Renaud a si bien su le chanter dans *Les dimanches à la con* (1991, album *Marchand de cailloux*). Malgré ce titre quelque peu aride, cette chanson est emplie de tendresse. Elle évoque « le parfum d'Amsterdamer qui sortait de la pipe en terre du tonton », et les « coups de pied sous la table » que les frères Séchan se lançaient « pour avoir le blanc du poulet », mais aussi ces « cadeaux d'anniversaire partagés » et « ces bouteilles de clairette qu'on détestait en cachette ». Tout ceci résumé dans un refrain plein de nostalgie : « Les dimanches à la con, de quand j'avais disons, dix ans, me reviennent souvent, pas toujours mais

mettons, tout le temps. » Difficile de résister au délicieux goût du passé, au souvenir d'après-midis longs et chaleureux, où toute la famille papotait autour d'une bonne table…
Voilà donc l'enfant Renaud, tiraillé par ses origines diverses, et qui aimait, étant petit, se rendre fréquemment chez son grand-père Oscar, pour des raisons bien simples. Son monde à lui n'avait rien de bourgeois. Oscar a été un prolétaire toute sa vie, et Renaud se sent bien plus proche de lui que de sa famille paternelle. Oscar était un grand costaud qui, après avoir quitté la mine et avoir rejoint Paris, s'est consacré aux parties de belote et à l'apéro avec les copains, entre deux journées à l'usine et les moments passés en famille. Ce merveilleux bonhomme, qui est mort à soixante-treize ans, « d'un cancer tout bête », comme l'a écrit Renaud dans la chanson qui portait le nom de son grand-père, a enseigné à son petit-fils le mépris qu'il éprouve encore aujourd'hui pour les militaires et les flics. D'un autre côté, celui de ses origines paternelles, Renaud a appris le sens de la mesure, retenant bien les leçons de la vie que lui enseignait Olivier. Son admiration pour Georges Brassens, par exemple, est née de cette époque. Peut-être déjà, d'une façon plus générale, celle de la poésie.
Mais, passées les années d'enfance, celles de l'insouciance, viennent celles de la vie d'adulte. Renaud se construit donc une seconde famille. Comme tous les jeunes hommes du monde, il a quitté le foyer dans lequel il a poussé, dans lequel il s'est nourri d'éducations diverses et précieuses pour sa future carrière. Tout ça pour se créer une autre famille, toute à son image. Jouant *Le secret de Zonga*, en 1977, (avec Martin Lamothe et bien d'autres) sur les planches de la « Veuve Pichard », un café-théâtre parisien, Renaud rencontre Dominique. Elle deviendra son épouse, celle à qui il vouera un culte absolu, au-delà de leur séparation, survenue après « vingt berges passées dessous mon toit ». Et avec la naissance de Lolita, une nouvelle étoile s'inscrit au firmament de son existence. Voilà Renaud tout à coup transporté, et par le bonheur d'avoir créé cette petite

cellule, et par la volonté de la voir élargir cette grande famille à laquelle il tient tant. Son vœu a toujours été que cette seconde famille s'intègre à la première. Et pour lui, et pour ses frères et sœurs. Ce qui n'a pas toujours été aisé pour l'ensemble des beaux-frères et belles-sœurs du chanteur. Même si, et il convient de se rassurer sur ce point précis, le beauf' qu'il égratigne dans cette chanson tube si féroce (*Mon beauf'*, tout simplement) n'a jamais réellement existé, et ne dresse en aucun cas le portrait d'un de ses véritables beaux-frères. Heureusement pour eux! Dans ses chansons aussi, cette famille, la toute première, puis celle qu'il a bâtie, est passée au crible. On sent, en vérité, que Renaud prend un véritable plaisir à nous faire partager tout l'amour qu'il éprouve pour elle. On y retrouve tantôt ses frères et sœurs, tantôt ses parents, mais surtout Dominique et Lolita. En 1979 sort un trente-trois tours, dont l'un des titres vedettes est *Ma gonzesse*. Nous l'avons vu, Renaud n'est pas un spécialiste des chansons d'amour. *Ma gonzesse*, celle que j'suis avec, ma princesse, celle que j'suis son mec», sont des vers qui suffisent à expliquer cela. Même si, aujourd'hui, le fait de décliner ces mêmes mots au passé lui paraîtrait plus que douloureux. Dans ce même disque, Renaud évoquait à plusieurs reprises l'arrivée dans sa vie de celle qui est devenue sa femme. Ainsi, dans *Peau aime*, Dominique est véritablement déifiée, même si Renaud déclenche des hurlements de rire à ces mots: «Dans ses yeux, y'a tant d'soleil, que quand elle me regarde, je bronze!» Un peu plus tard, et au fil des albums qui sortiront des presses, Renaud reviendra inlassablement sur ce thème. *Mimi l'ennui*, c'est un peu Dominique, aussi, même si, une fois de plus ici, Renaud généralise sur le thème des femmes quelque peu gagnées par la détresse, en choisissant son épouse pour personnage de base. Une formule qu'il a toujours affectionnée. Dominique apparaît souvent au fil des albums. On la voit épisodiquement apparaître dans *le Père Noël noir*, ou *J'ai raté Télé foot*. Et puis, il lui vient un jour à l'idée de rendre compte de la façon avec laquelle il a vécu un des moments les plus bouleversants de la vie d'un homme: la grossesse de son épouse. Grossesse ! Voilà un mot qu'il ne trouve pas très beau, ni très élégant. C'est donc sans remords aucun qu'il emploiera plus volontiers l'expression « en cloque » que le sempiternel « enceinte ». Et la chanson est née. À retardement, dans les bacs des disquaires, car Lolita est déjà née depuis belle lurette quand il en écrit le texte. Mais le recul est parfois bénéfique pour expliquer ce genre de situation, pour exprimer avec le plus de tendresse possible un tel moment, toujours unique dans la vie d'un couple. N'oublions pas – car cela serait impardonnable – de rappeler que Renaud avait déjà montré sa volonté d'avoir un enfant. De façon humoristique, avec ses mots à lui. Dans *Chanson pour Pierrot*, parue quatre ans auparavant, il avait écrit un poème en forme de coup de cœur, un véritable cri d'amour, modulé toutefois par les pirouettes dont il est le grand spécialiste. Si Renaud a pour troisième prénom Manuel, il porte aussi celui de Pierre. Ce Pierre est l'oncle de Renaud, le fils d'Oscar, et le parrain de Thierry Séchan. Professeur dans un lycée technique (on ne disait pas encore lycée professionnel, à l'époque), véritable autodidacte, ce fameux Pierre s'inscrit dans la lignée des membres de la famille maternelle de Renaud. Il possède la classe à fleur de peau, et si le ton qu'il emploie est moins gouailleur que celui de son père – ce phénoménal Oscar – il a exercé une grande influence sur Renaud. Pendant que Dominique attend le grand jour, Renaud est convaincu : son enfant sera un garçon, et il portera le prénom de Pierre, qu'il aime tant, pour les raisons qui viennent d'être exposées. Renaud désirait si fort ce petit « lui-même », ce petit prolongement de sa propre personnalité, cette petite réincarnation d'un Renaud miniature, qu'il aurait pu modeler comme lui aurait aimé l'être. Et il apprend la nouvelle : « Putain, une fille ! », s'exclamera-t-il alors. Il n'y avait même pas songé. Il n'avait pas cru la chose possible. Et voilà Lolita qui apparaît dans la vie de Renaud. Lui qui, dans *Chanson pour Pierrot*, disait « je n'connais qu'la misère d'être tout seul sur le chemin » ! Lui qui avait déjà en tête le trousseau de son fils, « un jean, une mobylette, une paire de Santiagos » !

Dans *En cloque*, Renaud parle pourtant de « son petit bonhomme qu'arrive en décembre », résurgence d'un espoir qui n'a pas été mené à bien. Mais pas un espoir déçu. Car Renaud vit une seconde d'histoire d'amour : après Dominique, le voilà morgane de Lolita ! Dans l'album *Morgane de toi*, Lolita est la vedette, la « number one » de son cœur, et le titre même lui est dédié. *Morgane de toi*, signifie « amoureux de toi ». « C'est une expression volontiers employée par les Manouches », explique Renaud... qui en tombe véritablement amoureux ! Ce disque – qui deviendra une des plus fabuleuses réussites de l'histoire de la variété française, bien avant *Boucan d'enfer* – aura donc cette expression pour titre. Cette dernière aura même d'autres répercussions : le fait d'être « morgane » de quelqu'un entre dans le langage courant. Mieux : « Morgane » grimpe au palmarès des prénoms les plus usités en France, au cours des années quatre-vingt, pouvant s'appliquer indifféremment à un garçon ou à une fille ! De plus, la pochette du disque ne laisse transparaître aucune équivoque : on y voit Renaud, dans les rues de Los Angeles, tenant Lolita dans ses bras. Des clichés qui ont été pris dans les rues de la grande ville californienne, où a été enregistré cet album-culte, et qui sont signés David Séchan, le frère jumeau de l'idole. Au verso de cette même pochette, Lolita est seule, chaussée de santiag's. Déjà ! Et oui. À trois ans, Lolita Séchan devient une star. Que Renaud veille bien à préserver des dangers inhérents à sa toute jeune fonction. Jamais on n'apercevra le visage de Lolita sur la pochette du disque. Pudeur. Discrétion. Peur aussi, sans doute, de voir cette charmante gamine avalée si jeune par un système pour lequel Renaud n'a que peu d'amitié. Comme nous l'avons vu au cours des chapitres précédents, on ne découvrira Lolita que, ses vingt ans atteints, d'abord sous le trait du pinceau de Titouan Lamazou, dans le livret de l'album *Boucan d'enfer*, puis, en photo, au côté de son père, dans un magazine « people ». La chanson *Morgane de toi* gagne en douceur et en affection ce que n'avait pas la *Chanson pour Pierrot*. Il est vrai que la superbe musique de Franck Langolff n'y est pas pour rien. A cette époque de sa vie, face à sa fille, Renaud touche la réalité : Lolita est là, bien vivante. Mais, en bon père, il veille au grain. Il le fait si bien que Lolita, encore bien petite à la sortie de l'album qui lui est dédié, n'acquiert pas encore la conscience du phénomène que représente, sur le plan national, son grand gamin de père. Pour elle, alors, tous les papas chantent à la télévision et dans des salles gigantesques, passent à la radio, figurent sur les affiches, dans toutes les villes de France ! Et pourtant, toute jeune, elle fait l'admiration de ses petits camarades de classe. C'est aussi pour cela que Renaud a choisi, à ce moment de son existence, de s'adonner aux joies de la mer quand son emploi du temps professionnel le lui permettait. Loin de tout danger, éloignée des bruits du métier d'artiste, Lolita devenait alors une petite fille comme les autres. Dont le père, lui, n'était pas comme tout le monde ! D'ailleurs, Lolita ne cessera d'être le centre du monde, une espèce de phare, une icône incontournable, dans la suite de la carrière discographique de Renaud. Pas un album sans que la fille sacrée, celle dont il est « morgane », comme il a su l'exprimer, de prime abord, en 1983, ne soit présente. Et il n'attend guère que Lolita grandisse pour la citer, toujours et encore, à travers des chansons qui lui font la part belle. Dans *Mistral gagnant*, son album de 1985, elle est encore là, toujours là. « J'emmènerai dimanche, si je veux, la gamine, s'emmêler dans les branches à la pêche à la ligne », dit-il dans… *La pêche à la ligne.* Parfois, Renaud prend peur, pour sa fille. Il ne peut la sentir en danger. Aussi s'inquiète-t-il à l'idée de devoir la confier à une nourrice un soir où Dominique et lui sont censés aller décompresser en s'offrant un dîner en amoureux. C'est *Baby-sitting blues* (1985, album *Mistral gagnant*), le « blues de papa-maman qui balisent en attendant la fin du repas ». Un sentiment infiniment humain, des plus courant, mais traduit avec une incroyable accumulation de mots de tous les jours : que va devenir notre enfant pendant qu'en culpabilisant, nous la laissons, pour une soirée, à une quasi-inconnue ? Le tout pour finir, soulagé, comme le chante Renaud : « Samedi soir, ça a baigné, on a paniqué pour

rien, la p'tite avait assuré plutôt bien. » Ouf ! Et la nourrice occasionnelle ? « L'est partie en titubant, pis ça m'a coûté dix sacs, les baby-sitters maint'nant, quelle arnaque ! »
La peur du père attentionné existe aussi dans *Il pleut* (1988, album *Putain de camion*). Peur du départ de l'enfant. Anecdotique à six ans et demi, comme dans la chanson. Plus réelle quand l'échéance approche, quand, un jour, le fruit quitte la corbeille. Ici, tout va bien : Lolita ne partira pas. Pour une sombre histoire de télé éteinte de façon intempestive, de superficielles préférences pour des programmes différents, la colère gronde. Mais le soufflé retombe. De toute façon, Renaud est formel : « Y a des salauds très dangereux, et des imbéciles heureux, je suis mille fois meilleur qu'eux, pour soigner tes petits bleus », se montrant plus bouleversant encore, à ces mots : « Tu peux pas t'casser, je t'aime, à m'en taillader les veines ». Amour absolu, sentiment fort. Éternel. Que rien ne peut briser. Même, bien des années plus tard, quand vient l'errance…
Avec Lolita, Renaud se veut aussi prévenant. Rassurant. Il la met en garde : « Marche près de moi, va pas t'éloigner, attention Lola, les rues sont piégées », assure-t-il dans *C'est pas du pipeau* (1991, album *Marchand de cailloux*), juste avant d'ajouter : « C'est pas des histoires, c'est pas du pipeau, fais gaffe à jamais suivre les troupeaux. » Il y a du Brassens, là-dedans. On croirait entendre le glorieux chanteur à la moustache reprendre les vers de *La mauvaise réputation* : « Non, les gens n'aiment pas que l'on suive une autre route qu'eux. » Avec cette même volonté d'emprunter pour toujours les chemins de traverse, de ne pas suivre la masse de ceux qui, inexorablement, vont vers la chute, sans le savoir, uniquement pour agir comme leurs voisins. Qui, eux non plus, ne savent rien…
Dans *Lolito Lolita*, (1994, album *A la belle de mai*), joli jeu de mot qui permet de donner encore un peu plus de couleurs à un prénom qui en est déjà empli, Renaud redouble de conseils de prudence, tout en dénonçant la société dominante. Celle des militaires, des curés, des rois. Mais il incite sa fille à « passer

à l'offensive » : « Renverse la pyramide, Lolito Lolita », dit-il, avant de conclure : « Mais tu ne seras pas plus libre quand le peuple régnera. » Renaud papa, mais aussi Renaud professeur, qui teinte de civisme les leçons de la vie qu'il inculque à sa fille. Puis, dans *Boucan d'enfer*, et plus précisément dans la chanson *Elle a vu le loup*, que d'aucuns considèrent comme un peu mièvre, ou « gnan-gnan », qui dit à sa fille : « Mais j'espère, ma fille, que quand viendra l'heure, de prendre cette Bastille sous ta robe à fleurs, le loup aura l'heur de te plaire autant, pour son joli cœur que pour ses talents. »

À plusieurs reprises, même, Lolita est si présente dans les chansons de son père que celui-ci lui cède le devant de la scène. C'est par sa propre voix que sa fille s'exprime alors, par le jeu de la première personne du singulier. Le premier exemple connu remonte à 1991 et à la chanson *Marchand de cailloux*, tiré de l'album éponyme. Dès les premiers vers du premier titre, Lolita a la parole. Comme pour donner le ton, Renaud s'efface devant sa progéniture, lui laisse le micro. « Dis papa, quand c'est qu'y passe le marchand d'cailloux. » Une chanson, mine de rien, nullement enfantine, car elle décoche, au passage, des flèches savamment empoisonnées contre les injustices les plus criardes : les « gros dégueulasses qui font du mal partout », les interminables guerres d'Irlande et « les ghettos de Belfast », les « mômes qui crèvent de faim », et même l'intifada, redevenu tragiquement d'actualité au Proche-Orient neuf ans après la sortie du disque.

Plus tard, dans l'album *A la belle de Mai*, Lolita sera encore en première ligne. Pour s'inquiéter de son avenir scolaire, professionnel et humain, dans *C'est quand qu'on va où*. « Avec les devoirs à la maison, j'fais ma s'maine de soixante heures, non seulement pour pas un rond, mais en plus pour finir chômeur. » Et puis pour présenter à son père celui qui partagera sa vie... pendant au moins une semaine ou un mois ! Dans *Mon amoureux*, Lolita aime à vanter les mérites de ce jeune homme qui, dit-elle à son père, n'écoute « que Brassens et toi ». Mais crie aussi : « T'en fais pas, papa, mon amoureux tu l'aimeras, y lit des livres

que tu comprendrais pas. » A peu de choses près, on tomberait dans le piège : on oublierait que c'est tout de même bel et bien Renaud qui a écrit la chanson, et qui l'interprète, de surcroît ! En revanche, si l'on excepte *Elle a vu le loup*, Lolita est totalement absente de *Boucan d'enfer.* Comme si Renaud avait voulu l'épargner de ses malheurs. Comme s'il n'avait pas désiré la mêler à ses affaires de cœur, dont il porte les blessures jusqu'au plus profond de lui-même. Pas question, dans ces conditions, de mettre en scène, et en chanson, sa fille qui, de toute façon, a vécu la séparation de ses parents avec toute la douleur qui sied aux enfants de divorcés, et a continué à soutenir son père pendant sa lente dérive alcoolisée.
Dominique et Lolita. Tout un univers, auquel, inlassablement, les disques de Renaud sont dédiés. Y compris *Boucan d'enfer.* Mais Renaud a aussi, dans son imposant répertoire, d'autres fleurons concernant sa famille. Ou la famille en général. Car le plus corsé d'entre eux, *Mon beauf'* ne fait pas référence aux trois beaux-frères de Renaud. Ce dernier a simplement voulu, sous ce vocable de « beauf' », s'attaquer une fois de plus à l'archétype de la connerie humaine. Sous deux aspects. Tout d'abord, par ce qu'il définit au cours des premiers vers : « On choisit ses copains, mais rarement sa famille, y a un gonze, mine de rien, qu'a marié ma frangine, depuis c'est mon beau-frère, alors faut faire avec, mais c'est pas une affaire, vu que c'est un sacré pauvre mec, mon beauf, qui plantent d'entrée de jeu un décor ravageur. La famille est un don, les amis un choix. Premier point. Mais, sur un plan plus général, Renaud a cherché également, dans ce « Beauf' », à régler ses comptes avec ce genre d'individus dont il a horreur. Des pollueurs de planète en chef ! Ceux qui ont fait « dix ans de légion » et qui éduquent leurs enfants « à grands coups d'ceinturon ». Ceux aussi qui trompent abondamment leur femme et n'admettraient pas une seule seconde la situation inverse. Ceux-là, les beauf's, Renaud les lamine, ne leur laisse pas la moindre chance de salut. Parce qu'il en a rencontré. Parce qu'il en a regardé vivre. Renaud regarde toujours beaucoup autour

de lui. Il observe, déchiffre, traduit. Ce « beauf' » est un portrait adroitement brossé d'une certaine race de Français moyens, pires encore que ceux d'*Hexagone.* Et dont Renaud n'a aucun doute sur le personnage à qui va leur préférence politique ! Les beauf's ne sont pas que des beaux-frères. Ils sont aussi l'image de tout ce que Renaud déteste. Des modèles réduits de bêtise en kit, à monter soi-même, livrés avec options mauvaise foi et haine de l'autre… surtout s'il est bronzé, comme il le disait déjà dans *Mon HLM.* Une chanson où les beauf's fourmillent encore. D'ailleurs, tout comme pour *Laisse béton*, *Marche à l'ombre*, ou *Morgane de toi*, le mot « beauf' » est entré, lui aussi, dans le langage quotidien de millions de personnes. Une imagerie populaire se dégage ainsi des mots sortis de la plus inspirée des plumes renaudiennes. Comme Coluche avait pu léguer, pour l'éternité, ses « enfoirés », ses « circulez, y'a rien à voir », ou encore, son expression tant reprise en chœur : « c'est nouveau, ça vient de sortir » ! Désormais, on ne dit plus – ou moins souvent – un con, ou, mieux, un gros con, pour désigner ce qui semble figurer au rang des êtres humains les plus abjects, mais bel et bien un « beauf' ». Signé Renaud. Bien fait pour eux !

Il est difficile de refermer ce dossier, ô combien important ! de la famille de Renaud, sans revenir un instant sur le grand-père Oscar. Nous avons déjà évoqué le bonhomme – qui a eu une influence énorme sur la vie et la carrière de Renaud –. Regardons d'un peu plus près la chanson qui lui est dédiée. Et qui porte son prénom. Extraordinairement réaliste, elle constitue incontestablement un des plus beaux portraits de la galerie personnelle de Renaud. Un texte comme on n'en crée plus guère. Et pourtant pas démodé le moins du monde. La vie du grand-père décédé y est racontée de A à Z, et ce en une cinquantaine de lignes seulement. « Le plus dur est de faire court », dit-on souvent aux jeunes journalistes. Un conseil qui vaut également pour l'école des poètes. Une école imaginaire, dont Renaud n'aurait sans doute jamais séché les cours. Dans *Oscar,* Renaud nous accorde donc juste assez de temps pour démontrer l'amour qu'il pouvait éprouver pour ce vieil homme si attachant. Mais aussi pour évoquer – gentiment – les quelques divergences qui les séparaient : « Il était marxiste, tendance Pif le chien », tandis que Renaud et ses frères se définissaient plutôt comme « anars, tendance patchouli ». Tout y est dépeint : l'enfance, puis la vie d'Oscar à la mine, dans le Nord, et puis encore l'arrivée à l'usine, à Paris, puis en banlieue parisienne, de celui qui « v'nait du pays où habite la pluie » et qui restait « ch'timi jusqu'au bout des nuages ». De celui aussi qui « avait fait 36, le Front populaire, pi deux ou trois guerres, pi mai 1968 », et qui avait « la haine pour les militaires, j'te raconte même pas ce qu'y pensait des flics ». Sa retraite, puis sa mort, figurent aussi dans la chanson. « D'un cancer tout bête, l'a cassé sa pipe, il a calanché. » Point final d'une existence dont Renaud est marqué à tout jamais.

Et voilà passée au crible la prépondérance de la vie de famille dans l'existence de Renaud-le-saltimbanque. Tout n'y est pas dit. Car la famille de Renaud est aussi son jardin secret, dans lequel il est indécent de pénétrer outre mesure. Longtemps, Renaud a déclaré qu'il n'avait rien à dire de sa vie privée. Mais il s'est tellement épanché dans *Boucan d'enfer* que cette remarque n'est plus totalement valable aujourd'hui. Il l'a fait au risque de « gonfler le public », comme il le craignait lui-même dans ses récentes interviews. Pendant des années, dans tous ses disques, sa femme, sa fille, ses parents, ses frères et sœurs ont toujours été présents. Mais il a sans cesse veillé à ce qu'on n'en sache jamais plus d'eux. Avant de dresser un aperçu de son triste emploi du temps journalier, au temps de sa décadence amoureuse et « soignée » au Ricard, Renaud n'avait jamais narré de la moindre façon sa méthode pour meubler ses journées, quand il quittait son habit d'homme public. Il a toujours été préoccupé par sa volonté de rester anonyme malgré tout, de tenter l'impossible pour être comme vous et moi. Un passant dans la rue. Et pas toujours le chanteur adulé par des foules gigantesques, qui a vendu des millions de disques, et qui,

aujourd'hui, après la période qu'on connaît, a recommencé à le faire.
La famille, ce temple sacré où il prie à sa façon, restera ce qu'elle a toujours été : une muraille, un rempart contre les continuelles agressions de la vie d'artiste. Une protection face à la gloire, qui n'est pas toujours désagréable, d'ailleurs. Car Renaud, aujourd'hui revenu au niveau qu'il avait atteint au cours des années quatre-vingt, ne peut s'empêcher – et on le comprend – d'être heureux devant le succès qu'il rencontre. C'est là l'aboutissement d'années – les premières de sa carrière – où il n'a pas véritablement ramé, où il est parvenu au sommet sans le désirer profondément, et où il a trouvé, dans la chanson, le meilleur moyen d'exprimer les idées qui sont les siennes. Un point c'est tout. Et c'est déjà beaucoup, foi de Renaud !

Artistes et amis

Renaud est devenu chanteur par nécessité. Parce que ses textes ne pouvaient s'exprimer qu'en chansons. Il a tenté sa chance, puis s'est laissé porter par le vent, par le courant. L'expérience a été concluante, alors il l'a poursuivie. Abandonnant ainsi sa première vocation, celle qui devait l'amener à fouler des planches de théâtre. Car voilà, à la fin des années soixante-dix, que Renaud est propulsé dans les hit-parades, sur les scènes des plus grands music-halls. Alors, puisque depuis près de trente ans, il est un chanteur à part entière, voyons la considération qu'il peut avoir, d'une façon générale, pour ses confrères. Disons tout net qu'il en a toujours fréquenté assez peu. On sait qu'il aimait – et aime encore – à se retrouver de temps à autres au côté de Francis Cabrel, quand celui-ci s'arrache à son Sud-Ouest pour venir passer quelque temps à Paris. Renaud aime le personnage, il apprécie l'atmosphère parfois lunaire qui se dégage de ses chansons, créant un univers tout en finesse et en poésie. Cabrel a aussi pour Renaud une admiration rare. À la télévision, voici bien longtemps, il s'était même avoué très flatté que son interlocuteur-journaliste ait pu comparer le réalisme de certains de ses textes à celui de son ami. Récemment encore, Francis Cabrel confiait que Renaud était pour lui un véritable mythe de la chanson française. Leur sensibilité, leur feeling se rejoignent parfois, et ils aiment à se retrouver, quand les aléas de leur métier, ceux de leur vie aussi, le leur permettent. Et puis, Renaud et Cabrel possèdent plusieurs points communs. D'abord, ils sont les seuls chanteurs français à avoir véritablement conquis le public québécois, alors que l'inverse est plus souvent vrai, notamment grâce à l'arrivée sur le marché, depuis quelques années, de comédies musicales survitaminées, où les artistes de la « belle province » ont souvent les premiers rôles. D'autres Français avaient, avant eux, tenté de s'imposer là-bas : peu y sont parvenus. De plus, autre rapprochement entre les deux hommes : ils pratiquent l'échangisme musical. Du calme ! Rien de sexuel dans tout cela. Juste une constatation : Jean-Pierre « Titi » Bucolo a longtemps joué avec Cabrel avant de devenir le compagnon de scène incontournable de Renaud. Et Jean-Louis Roques, l'accordéoniste historique de Renaud, est parti en tournée au cours des années passées avec Cabrel. Et puis c'est tout !

Au cours des années quatre-vingt, Renaud rencontrait souvent les membres du groupe Téléphone. Le courant passait bien entre eux, même si leur optique musicale n'était pas identique. Julien Clerc, lui aussi, est resté très proche de Renaud. Ce dernier apprécie beaucoup « Juju », à qui son frère Thierry avait offert une chanson, *Ma gitane*. Et, pour la première fois, Renaud et Julien Clerc ont directement travaillé ensemble. C'était en 1994, à l'occasion de l'album *A la belle de Mai*, où le second avait offert au premier les musiques de trois chansons, *C'est quand qu'on va où*, *Le sirop de la rue* et l'exotique *Adios Zapata !* Renaud figure par ailleurs dans un CD de Julien Clerc, un disque enregistré en public à l'occasion du cinquantième anniversaire de ce dernier, en octobre 1997, au Palais des sports de Paris. Tous deux y interprètent *Travailler, c'est trop dur*, une chanson traditionnelle de Louisiane. À cette occasion, d'ailleurs, Julien Clerc avait présenté Renaud au public – et l'épisode figure dans l'album – comme un « faux paresseux », en fait « véritable stakhanoviste » de la chanson française.

On a vu que, dans sa petite enfance, Renaud écoutait beaucoup Brassens – par la force des choses, et par l'intermédiaire de son père – mais aussi Aristide Bruant, par celui de sa mère. Plus tard, il en est venu à découvrir Johnny Hallyday et les autres pionniers des années soixante. Puis, ce fut Hugues Aufray, et par voie de conséquence, Bob Dylan. Tandis que son admiration, puis son amitié personnelle pour le grand Hugues, n'ont cessé de croître au fil des années, ses rapports avec Johnny ont suivi une courbe bien différente. Et pourtant dans un sens positif également. Car, au tout début, Hallyday était pour Renaud une idole inaccessible, comme il l'est encore pour ses millions de fans. Tout jeune, Renaud découvre Johnny Hallyday, qui ne s'est pas contenté d'avoir été un rocker des années soixante, mais demeure fidèle au poste, après plus de quarante années de carrière ! Par la suite, devenant artiste lui-même, Renaud a appris à connaître le « taulier ». Bien que capable de rivaliser avec lui au niveau des chiffres de vente de disques qu'il réalise au cours de sa période « Morgane de toi-Mistral gagnant », Renaud ne peut s'empêcher de vouvoyer l'idole, d'être devant Johnny comme un enfant devant un « grand » : timide, impressionné, hésitant. Jusqu'aux jours tout récents où les deux hommes ont partagé le plateau du film *Crime Spree*, au côté de leur ami commun Gérard Depardieu. Ce qui a permis à Renaud de découvrir en Johnny Hallyday, comme il l'a confié lui-même, « un personnage vraiment étonnant ». Et un ami, aussi.

Renaud aime aussi Jacques Higelin. Lequel, à plus de soixante ans, n'en finit plus de poursuivre une tournée triomphale entamée en l'an 2000. Les deux hommes se connaissent peu, mais s'apprécient. Tout comme Renaud le fait de Hubert-Félix Thiéfaine, le marginal le plus célèbre de la chanson française. Trente ans de carrière, en tout et pour tout deux ou trois passages à la télévision, mais pourtant des millions de disques vendus, des salles toujours pleines à ras-bord, y compris lors de sa tournée de 2001-2002, avec des publics restés très jeunes ! Et des chansons aux titres plus hallucinants les uns que les autres, comme *Mathématiques souterraines* ou *Sweet amanite phalloïde queen* ! Renaud et lui ont même, un jour, chanté ensemble. À une époque plus reculée, Renaud était très lié avec les musiciens de Starshooter, ce groupe lyonnais de rock, dont seul le leader – le chanteur Kent – est resté au premier plan,

tant par ses prestations personnelles que par ses collaborations fort remarquées avec la chanteuse Enzo Enzo.
Et, aujourd'hui, Renaud aime à dire qu'il reconnaît en Axelle Red « la chanteuse la plus douée de sa génération ». Sa participation dans *Manhattan Kaboul* (2002, album *Boucan d'enfer*) a permis à ces deux artistes apparemment si différents de se découvrir des points communs, et – ce qui ne gâte rien – d'harmoniser leurs voix au point de faire de cette chanson une des plus belles réussites d'un opus surtout teinté de noir.
Même celui qui semblait jadis son ennemi juré, Michel Sardou, est entré aujourd'hui dans le cercle des amis de Renaud. Les deux hommes ont appris à se connaître davantage, pour finalement s'apprécier, lors du tournage d'une émission télévisée en Irlande. Depuis, Thierry Séchan, le frère aîné de Renaud, a même écrit une biographie sur le créateur de *La maladie d'amour* !
Pourtant, longtemps, sans se fréquenter ni même se connaître, les deux hommes ont remué les foules. Mais pas de la même façon. Avec des arguments différents. Et sans doute, déjà caché dans le cœur, à l'époque, un semblant d'admiration mutuelle, ou tout au moins de reconnaissance d'un talent bien présent chez l'un comme chez l'autre. Mais, longtemps, le public aura cette image d'Épinal sous les yeux : Renaud, chanteur de gauche, ne peut en aucun cas avoir d'atomes crochus avec Michel Sardou, chanteur de droite, qui avait même, jadis, exprimé sa sympathie pour la peine de mort (dans sa chanson *Je suis pour*), déclenchant les foudres d'étudiants et lycéens de tout le pays !
Une fois, et une seule, un affrontement, de chanson à chanson (comme Antoine et Johnny Hallyday, bien avant eux), s'est produit entre Renaud et Sardou. Le premier nommé s'était fâché tout rouge contre le second : dans un passage au Théâtre de la Ville, à Paris, où il glanait ses premiers galons de grande vedette, celui-ci s'était livré à un pastiche – jamais sorti en disque – de la fameuse chanson *Si les Ricains n'étaient pas là*. La réponse ne s'était pas fait attendre. Dans *En chantant*, Michel Sardou dit : « C'est beaucoup plus marrant de se faire traiter de con, en

chanson », au détour d'un vers alors sans aucun doute adressé à Renaud ! Depuis, et même jusqu'au moment où l'amitié a fleuri entre ces deux géants de la chanson française, aucun autre conflit n'était venu entacher leurs carrières respectives.
Jean-Patrick Capdevielle, un autre confrère de Renaud, surtout connu aujourd'hui pour les compilations qu'il a laissées à ses fans, est, sans le désirer le moins du monde, à l'origine d'une anecdote qui laisse un cuisant souvenir dans la mémoire de Renaud, et aussi de Dominique, son ex-épouse. Un soir, celle-ci est installée devant son poste de télévision. Renaud se trouve dans la pièce voisine de son grenier-appartement d'alors, et entend soudain sa femme l'exhorter à la rejoindre. On programmait Capdevielle à la TV, et Renaud, au temps des premiers disques de l'auteur de *Quand t'es dans le désert*, était fou dingue de celui-ci. Le voilà, courant pour rejoindre le salon… et se cognant le crâne sur une poutre qui avait la mauvaise idée de se trouver là ! Cet avatar vaudra à Renaud trois points de suture. Et, au lendemain de l'incident, il se rendra au studio photos pour réaliser les clichés de son album *Marche à l'ombre*. Souvenez-vous, celui où il a l'air si agressif, avec ses cheveux collés au front, comme mouillés. Des cheveux qui, en fait, n'ont fait que cacher les traces du choc de la veille ! Pour en revenir à Jean-Patrick Capdevielle, on peut affirmer que Renaud a trouvé ses derniers disques – qui, désormais, datent un peu – plutôt décevants, et moins bons, en tout cas, que les premiers.
Au rayon des chanteurs étrangers, Renaud s'est tourné volontiers, pendant des années, vers Bruce Springsteen, le « Boss », un des grands phénomènes mondiaux du rock. Pour ceux qui en doutent encore, un conseil : regardez et écoutez son dernier DVD, où le grand Bruce, qui a réuni pour l'occasion son groupe d'anthologie « The E-Street band », pourrait en apprendre à bien des guitaristes débutants. Renaud a beaucoup admiré, également, le groupe Dire Straits, aujourd'hui dissout, dont le guitariste-chanteur-leader- auteur-compositeur, Mark Knopfler, était alors au sommet de son art. Dans un tout autre registre,

Renaud a eu un coup de cœur pour deux chanteuses anglaises très en vogue au cours des années quatre-vingt: Bonny Tyler et Kim Wilde.
Curieux, tout de même, cette propension qu'a Renaud à faire allusion à ses confrères chanteurs à travers son répertoire. C'est le cas dans une bonne quarantaine de textes, ce qui est loin d'être négligeable. La variété des artistes ici présents ne l'est pas moins. Des noms reviennent plus souvent que d'autres, notamment au cours des premières années de sa carrière discographique. Certains d'entre eux réapparaissent, toutefois, plus souvent que d'autres. Bob Dylan, dans *Société, tu m'auras pas*, *La boum*, ou *J'ai raté Télé Foot*, s'inscrit en tête de ce hit-parade insolite, à la même hauteur que Johnny Hallyday, présent dans *Germaine*, *Chti'mi rock*, ou encore dans *Près des autos tamponneuses*, et même dans son album interprété dans la langue du Nord, où, dans les inénarrables *Tomates*, il évoque avec quelque compassion la carrière bien éphémère d'un chanteur du cru qui, doté d'un «beau filet de voix», espérait supplanter le grand Johnny et prendre sa place sur la scène prestigieuse de l'Olympia. Mais la chanson qui résume le mieux le sens de ce chapitre est *Ma chanson leur a pas plu*. Là, Renaud y évoque trois chanteurs d'un coup: Jean-Patrick Capdevielle, Bernard Lavilliers et Francis Cabrel, se moquant gentiment de leur style personnel. Avec un plus, sans doute, à mettre à l'actif à la façon irrésistible avec laquelle il imite l'accent du troisième nommé. «Lors, j'ai rencontré Cabrel, assis au bord de l'autoroute. Je lui ai dit: ma chanson s'appelle sur le chemin de la route. Et c'est l'histoire d'une nonne amoureuse d'un caillou, dans sa vie y'a plus personne, que les marchands et les fous. Elle veut retrouver sa terre, et ses chèvres et ses brebis, fuir le doute et la poussière, et revoir sa Normandie»!»
Près de vingt ans plus tard, l'humoriste-imitateur Laurent Gerra remettra le couvert avec *Ma cabane au fond du jardin*, pastiche, là aussi délirant, de Francis Cabrel.
Les artistes, souvent ménagés et même parfois montés aux nues, sont aussi, de temps en temps, bousculés, voire provoqués. Pas

toujours directement, d'ailleurs. Dans *Où c'est qu'j'ai mis mon flingue ?*, quand Renaud disait : « J'suis pas chanteur pour mes copains », il s'adressait à Daniel Balavoine (bien avant le décès de ce dernier, survenu en janvier 1986, lors du rallye Paris-Dakar, précisons-le), qui pensait tout le contraire, et l'exprimait dans… *Le chanteur,* justement. Dans cette même chanson, Jean Ferrat en prend aussi pour son grade, plus violemment encore : « Je déclare pas avec Aragon, que le poète a toujours raison, la femme est l'avenir des cons, et l'homme n'est l'avenir de rien. » Réponse à une chanson, quelque peu condescendante, qui s'intitulait *La femme est l'avenir de l'homme.* Il s'agissait là également d'un désir de choquer, en faisant preuve d'impertinence vis-à-vis d'artistes « définitivement installés » tels que Jean Ferrat ou Louis Aragon. Serge Gainsbourg, toujours dans *Où c'est qu'j'ai mis mon flingue* (décidément, quelle source de références, cette chanson !), a droit à davantage de ménagements, quand Renaud crie : « La Marseillaise, même en reggae, ça m'a toujours fait dégueuler », clin d'œil à l'inoubliable *Aux armes et cetera.* Rappelons que, cette chanson coup de gueule, Renaud l'a quelque peu répudiée, voire trahie, lors des élections présidentielles qui ont suivi sa parution, en se prononçant ouvertement en faveur de François Mitterrand. Dans *Mon beauf,* Renaud s'est montré bien féroce avec le pianiste-gentleman-pour-filles-de-bonne-famille, Richard Clayderman, qu'il traite sans scrupule de « Mozart du walkman ». Pour Dalida, il ne sera pas plus tendre dans le texte de *Ma chanson leur a pas plu*, quand il dira, parlant de « créneau » et « d'image » : « Un peu comme si Dalida chantait Be-bop a Lula » !
Au cours de ses plus récents albums, Renaud singera un peu moins ses confrères chanteurs. Mais il n'oubliera pas de mentionner, néanmoins, le grand Jim Morrisson, éternel leader des Doors, auprès de qui a été inhumée, à Paris, la « P'tite conne » de la chanson éponyme publiée en 1985, dans l'album *Mistral gagnant.* Nous avons vu, aussi, que Johnny Clegg, l'ami sud-africain, a fait l'objet, en 1988, d'une chanson qui lui était entièrement dédiée : *Johnatan.*

Certes, il serait fastidieux d'analyser mot par mot les chansons de Renaud, et d'y chercher les raisons profondes qui le poussent à faire état, si souvent, de ses confrères. Parmi ceux qu'on retrouve ici et là, au détour d'une inspiration subite, ou par pure nécessité, citons tout de même Eddy Mitchell, Mike Brant, Maxime le Forestier, Mireille Mathieu, le groupe Trust pour les Français, et Pink Floyd, les Rolling Stones, David Bowie et Bruce Springsteen ou Supertramp, pour les étrangers. Tous, parmi d'autres, sont au moins cités une fois dans le répertoire de Renaud. En bien ou en mal. Mais, tous, donnent un sens à ses chansons. Tous y participent, les font vivre. Renaud était, et reste, un poète de la rue, mais aussi un témoin du quotidien. Il sait à merveille inventer les personnages les plus farfelus ou les plus émouvants. Il peut aussi, tout à loisir, se plonger dans son univers de tous les jours, et employer, pour bâtir ses chansons, le nom de ceux qui exercent la même profession que lui. « Pour leur donner un coup de chapeau qui prend des allures de coup de pied », dirons-nous, en reprenant l'expression qu'il a faite sienne lors de ses concerts des années quatre-vingt. Rien ne fait reculer Renaud, et tout est pour lui matière à création. Puisant dans le vécu, comme tous les vrais chanteurs réalistes, il peut être aussi bien un excellent marchand de rêve. C'est à l'auditeur, et au spectateur qui assiste à ses concerts, de choisir. Peintre de son époque, miroir du temps qui passe, on peut qualifier, dans tous les cas, Renaud de témoin. Et, malgré la difficile époque qu'il vient de traverser, ses sources d'inspiration sont loin d'être épuisées. Ce sera à lui de voir, avec le temps, s'il prend toujours autant de plaisir à les utiliser. Et à ses confrères de lui donner, ou non, l'occasion de les « croquer », à la manière du plus fin des dessinateurs…

Nous nous en allerons…

Quand on est un artiste, reconnu partout, en pleine ascension, et adulé de foules considérables, il est parfois difficile d'assumer ce rôle. Ou ça passe, ou ça casse ! Renaud, lui, prend les devants au sortir des années soixante-dix : il s'est découvert un moyen efficace d'échapper à tous ces tourments, à tout ce qui fait qu'une vie de chanteur n'est pas toujours si aisée. En choisissant la mer pour fuir, Renaud s'était bâti alors une nouvelle légende. On faisait de lui un loubard : eh bien, il sera marin !
Pour se « ressourcer », ou pour se « changer la tête », expressions qu'il aime à employer fréquemment à ce sujet, voilà Renaud pris dans le tourbillon des traversées océaniques. L'envie de se retrouver en tant qu'être humain, et non plus uniquement comme chanteur, comme homme public, a fini par prendre le dessus. Il est Renaud, certes, mais il désire aussi – et quoi de plus naturel – redevenir, quand c'est possible, Renaud Séchan. Un homme comme les autres, libre de ses actes, capable de vivre comme il l'entend. La perspective de visiter des pays où on ne le connaîtrait pas seulement comme artiste, mais plutôt comme marin, ou plus simplement comme un anonyme surgi de nulle part, le met en joie, le séduit. Et le voilà lancé dans l'aventure !
Tout d'abord, il rencontre d'anciens musiciens de Coluche, qui deviennent ses amis, et qui travaillent, à l'époque, sur les plans d'un bateau sur lequel ils ont, ensuite, pris la mer. Ce bateau est très ressemblant à ce que sera la *Maknovtchina*, son futur navire à lui. C'est une goélette équipée de deux mats, et longue de quatorze mètres. Un beau bâtiment ! Renaud se prend alors au jeu : bientôt, il passera quelques week-ends en compagnie

de ces néomarins, n'hésitant pas à mettre la main à la pâte, au niveau de la menuiserie, notamment.

L'envie de posséder son propre bateau le prend rapidement. De plus, ce désir profond est ponctué par la lecture des livres d'Antoine, le « chanteur-navigateur ». Certes, celui-ci n'est plus, à cette époque, l'idole des années soixante qu'il a été, avec ses célèbres *Élucubrations* (« Ma mère m'a dit Antoine… »). Mais lui aussi a choisi, dans un lointain passé, de fuir, de prendre le large. Ses ouvrages donnent à Renaud l'envie de l'imiter. Toutefois, il sait déjà qu'il ne pourra jamais vraiment vivre comme Antoine. Ce dernier passe en effet le plus clair de son temps en mer, revenant rarement en France, juste le temps de publier un livre, de produire et de promouvoir les reportages marins qu'il a lui-même réalisés, et qui deviennent autant d'émissions télévisées cultes, bientôt relayées en cassettes VHS et maintenant en DVD. Renaud, lui, ne veut pas de cet attachement dévolu à la mer. Le bateau sera un moyen de s'évader, non de fuir définitivement. Il sera aussi le point de ralliement de certaines contradictions, ou plutôt de certains paradoxes qui l'habitent. Renaud aime bouger, sortir, voir du pays et du monde. Simultanément, et surtout depuis l'arrivée dans sa vie de Dominique et Lolita, il devient un peu plus casanier. « Le bateau est un moyen pour moi de voyager comme un escargot : avec ma maison sur le dos », me confiera-t-il, en octobre 1984. Et, de fait, sur le bateau, Renaud est chez lui, mais il peut aussi bouger, visiter, emmener sa petite famille au bout du monde. A cette époque de sa carrière, où il a déjà acquis une notoriété de grande envergure, Renaud choisit donc le bateau, plutôt que la résidence secondaire, qu'il pouvait fort bien se payer.

La construction de la *Maknovtchina* prendra deux ans. Deux longues années au cours desquelles Renaud, aidé de quelques amis, se rend, chaque week-end, sur le chantier situé au bord de la Marne, près de la ville de Meaux. Renaud participe activement à la confection de son bateau : il soigne particulièrement les aménagements intérieurs, précisément parce que ceux-ci lui donnent l'impression d'être « at home ». Et le voilà parti, pour ses premières traversées. Renaud, qui considère ses voyages en bateau comme autant d'épisodes de sa vie privée, reste assez discret dans ce domaine. Il n'en parle qu'à ses proches, préférant garder pour lui et ses intimes le secret du plaisir que lui procure cette nouvelle passion. Toujours est-il que, pendant deux ans, Renaud passera sept mois en mer, trouvant le temps de revenir à Paris, où l'attendent un disque à enregistrer, des concerts à donner, ou une mission de promotion à accomplir. Puis, au fil du temps, Renaud prend moins souvent la barre de la *Maktnovtchina*. Son métier l'accapare toujours plus, et le succès de chacune de ses prestations l'oblige à être plus fréquemment « à terre » qu'auparavant. Pourtant, pour quelques années encore, le bateau reste sa porte de sortie, un instrument idéal avec lequel Renaud se retrouve lui-même. Alors se pose la question : usé par un métier « où tu marches ou tu crèves », comme chantait son ami Francis Cabrel, Renaud ne va-t-il pas imiter Jacques Brel et Antoine ? Est-ce qu'il disparaîtra dans une île ? Est-ce que sa vocation de marin l'emportera sur son métier de chanteur ? Renaud, lui-même, à une certaine époque, s'interroge. Il affirme pourtant, bien vite, qu'il ne partira pas. Ou épisodiquement seulement. Par petites touches, discrètes et réparatrices. À trente-trois ans (c'est son âge à l'époque où il est parvenu à ce degré de réflexion), il se dit trop marqué par le temps qu'il vient de passer « dans le béton », avec sa famille, ses copains, ou dans les bistrots de sa bonne vieille capitale. Difficile, alors, de l'imaginer partir pour toujours, abandonner tout cela à la fois, tout le piment de sa vie en contrepartie d'un univers aquatique et salé. D'ailleurs – et ce sentiment évolue avec l'avancée du temps –, chaque fois qu'il effectue une traversée, il éprouve un besoin presque maladif de retrouver son milieu favori au bout de quelques semaines. L'envie de revenir devient aussi forte que celle de partir pouvait l'être chaque fois qu'il en ressentait un besoin impérieux. Ouf ! pensent alors ses fans, qui pourront, tout à loisir, continuer à voir sa crinière jaune

sur les scènes françaises pendant un bon bout de temps encore, et déguster ses galettes de vinyle noir, puis ses compact disques, avec le même plaisir.
Renaud marin. Une image qu'on lui connaît alors fort bien, même si elle a pu déconcerter bon nombre de ses supporters, surpris de le voir quitter « la zone », de quelque peu s'embourgeoiser. Et Renaud au contact des autres marins ! Une réalité qui a trouvé naissance dans le simple fait, chez lui, de s'être lancé dans l'aventure. Des marins, Renaud en a rencontrés. Ceux qui voyagent, plutôt paisiblement, comme Antoine lui-même. Et ceux qui en font un métier, gagnant leur vie dans des compétitions prestigieuses. Les plus grands champions de la voile, ceux dont le nom rime avec « route du Rhum », « transat en solitaire » ou « tour du monde », Renaud les a croisés. D'Eugène Riguidel, qu'il apprécie tout particulièrement, à Florence Arthaud (la célèbre « fiancée de la mer »), ou Éric Jeantot, en passant par l'illustre Éric Tabarly, maître absolu de la voile française, disparu en mer au mois de juin 1998. Renaud aime à côtoyer, dès que l'occasion se présente, ceux qui sont devenus des membres de sa famille, par amour du bateau interposé. Jamais il n'ira jusqu'à personnellement participer à une course, mais le domaine de la compétition, il l'a approché tout de même, par l'intermédiaire d'un jeune skipper qui, faute de sponsors, a donné à son embarcation le nom de *Gérard Lambert*. Renaud en deviendra le parrain, et aidera ce jeune marin à s'aligner au départ d'un certain nombre d'épreuves, pour lesquelles il recevait l'aide financière du chanteur. En ce temps-là, Renaud, avait découvert l'ambiance des courses et le milieu marin au contact de son « filleul », passant avec lui plusieurs week-ends à Brest ou à La Rochelle. Renaud, sans le désirer vraiment, était donc devenu un marin à part entière, même s'il a toujours préféré employer à son endroit le qualificatif de « marin d'eau douce ». Toutefois, quand il pense à Alain Colas, disparu à bord de son célèbre *Manureva*, que glorifiera plus tard Alain Chamfort dans une chanson signée Serge Gainsbourg, ou à Gilles Gahinet, jadis équipier d'Eugène

Riguidel, et décédé d'un cancer, puis beaucoup plus tard au destin tragique d'Éric Tabarly, Renaud ne peut s'empêcher de songer que ces gens-là sont ses frères. Il s'avoue très touché par ces disparitions, qu'elles proviennent d'une déferlante vengeresse ou d'une ignoble maladie. C'est vrai : Renaud est, alors, sans doute plus véritablement marin qu'il veut bien le dire. Mais plus pour longtemps. Les années passent, la passion se gâte. Le temps lui manque. La *Maknovtchina* reste souvent à quai, loin de son propriétaire. Il finira par la vendre, sans réel regret, ayant tiré un trait définitif sur une maigre – mais salutaire – carrière de marin. De ses fréquentations maritimes, il ne reste désormais plus guère que celle de Titouan Lamazou, même si celui-ci, gagné par la passion de l'art – comme il l'a démontré dans la réalisation de la pochette de *Boucan d'enfer* – s'est aussi retiré, peu à peu, de l'élément marin auquel il a voué un si grand amour, au détour des plus grandes courses de la planète.

Dans son répertoire, Renaud n'a pas eu vraiment le temps d'évoquer avec force détails ses aventures maritimes. Celles-ci n'ont duré qu'une poignée d'années, ce qui ne l'a pas empêché de signer une chanson culte, en 1983, au sein de l'album *Morgane de toi*. Ce sera *Dès que le vent soufflera*, un succès monstrueux dès sa sortie. Première motivation ayant amené Renaud à créer cette chanson, dont il a assuré – comme c'était presque toujours le cas alors – les paroles et la musique : il s'agissait pour lui d'envoyer un solide coup de chapeau à Hugues Aufray, son idole d'antan, son ami de toujours. Celui qui, dans les années soixante, l'avait amené à découvrir Bob Dylan et un univers musical qu'il ne connaissait pas. Hugues Aufray avait été lui-même l'auteur de plusieurs chansons dites « de marin ». *Santiano*, bien sûr, en était un fameux échantillon. D'autres ont suivi. Alors, Renaud a fait de même, considérant ce type de chansons comme étant intégré à un certain folklore qui lui était sympathique. De tout temps, Renaud a aimé les chansons de corps de métiers, de salle de garde aussi. Et les chansons de marin, dans la plus pure tradition, en sont un exemple frappant. Ainsi est né *Dès que le vent soufflera*, où se trouve réuni tout ce que Renaud porte en lui de dérision, d'humour et de sens du vécu. Il en profite même pour vite démystifier cette image de marin qui commençait alors à lui coller à la peau, avec autant de pugnacité que, jadis, le cuir du loubard dont il s'était vêtu. « Je m'suis cogné partout, j'ai dormi dans des draps mouillés, ça m'a coûté des sous, c'est d'la plaisance, c'est l'pied ! » A travers cette chanson menée sur un rythme rapide et entraînant, Renaud narre ses aventures en mer. Avec la volonté ouvertement affichée de démontrer qu'il n'est ni Tabarly, ni Riguidel qui, tout comme Pajot ou Kersauzon, ne « naviguent pas sur des cageots, ni sur des poubelles ». Avec le désir aussi de faire rire, à l'aide d'une de ses chansons fantaisistes dont il a le secret. Le refrain se suffit à lui-même : Dès que le vent soufflera, je repartira, dès que les vents tourneront, nous nous en allerons ! » Et puis, cette formule, plantée en guise d'ouverture à ce texte désormais historique dans l'univers renaudien : « C'est pas l'homme qui prend la mer, c'est la mer qui prend l'homme », ponctuée du sempiternel « tintintsin », que les fans de Gérard Lambert connaissent bien, qui est un peu son label, sa marque déposée ! Comme par un tour de force, Renaud parvient à donner à sa chanson une odeur de grand large, tout en lui conservant des allures comiques. « Assise sur une bitte... d'amarrage, elle pleure », ou « J'ai vomi mon quatre heures... et mon minuit aussi », sont autant d'expressions qui se suffisent à elles-mêmes ! *Dès que le vent soufflera* est désormais un tube immortel, à la manière de *Manu* ou de *Chanson pour Pierrot*. D'ailleurs, jamais Renaud ne l'a remisée à la casse, jamais il ne l'a laissée mourir. Son refrain si prisé du public a toujours été de sortie, dans chacune de ses tournées. Les énormes jeux de mots qui ornent la fin du texte servent de conclusion délirante à un chef-d'œuvre aujourd'hui incontesté de la chanson française : « Nous nous en allerons... de requin », puis « je me n'en allerons... de lapin », poussent très loin ce sentiment qu'éprouve l'auditeur en présence d'une chanson qui ne s'est jamais voulue sérieuse.

Le tour d'horizon des chansons de Renaud consacrées à la mer et au bateau est vite accompli. Beaucoup plus vite, en tout cas, qu'une régate transocéanique. *Dès que le vent soufflera* en est, en fait, un exemplaire unique. Qui le restera, de toute façon, car, Renaud ayant quitté ce décor maritime en revendant sa goélette, ne s'en sent plus imprégné. Toutefois, dans *Trois matelots* (1985, album *Mistral gagnant*), on le verra resurgir, non plus comme un plaisancier, mais comme un militaire, qui s'engage, non par vocation, comme on peut aisément s'en douter, mais pour « un tour du monde sur un joli bateau en fer ». Nonobstant l'aspect antimilitariste évident de cette chanson, on peut, au passage, remarquer que Renaud fait état de sites respirant fort les embruns : La Rochelle, les remparts de Saint-Malo, la citadelle d'Ajaccio, le Cap Horn, et même… les bordels de Macao. Les mots « marine », « matelot », « déferlante », « baleine », ainsi que les expressions « le pont du *Clémenceau* » ou « de babord à tribord » montraient encore, avec beaucoup d'insistance, la filiation qui pouvait exister avec *Dès que le vent soufflera*, sortie seulement deux ans auparavant, il est vrai. Puis, le temps passant, l'air marin s'enfuit. Ne se retrouve plus dans un répertoire qui prend d'autres directions. Qui part vers d'autres horizons, soufflé par d'autres vents, jusqu'à celui du désespoir. Légère exception : dans *La ballade nord irlandaise* (1991, album *Marchand de cailloux*), il lâche : « Jusqu'à Derry, ma bien aimée, sur mon bateau, j'ai navigué. J'ai dit aux hommes qui se battaient, je viens planter un oranger. » Mais, déjà la mer du Nord semble avoir supplanté les grands océans, les courants se font plus rares, les brises ne déferlent plus sur les coques détrempées des navires de tout poil. Et, dans «*Boucan d'enfer*», il enterre sa vie de marin, comme d'autres leur vie de garçon. Dans *Tout arrêter*, il laisse tomber un aveu : « J'ai arrêté la mer, refourgué mon bateau, vécu trop de galères dans des pays trop chauds. Je me suis échoué dans un bar à matelots, rue de la Soif, aux remparts de Saint-Malo », ajoutant : « Tout arrêter, terminé ! Finis l'aventure et le vent salé. Le voyageur est fatigué… »

Renaud, finalement, n'était devenu marin que pour s'éloigner de la vie terrestre trépidante. Le bateau n'aura été qu'un exutoire, une façon comme une autre d'adresser un pied de nez à une société qui finissait par le récupérer, malgré ce qu'il pouvait en penser lui-même. Aujourd'hui, l'aventure est terminée. Mais d'autres vont suivre, soyons-en sûrs...

Ballons et poissons

Renaud ne part plus en mer? Il n'aime plus le bateau? Qu'importe : il a gardé une passion intacte pour les poissons ! Il n'est pas un sportif accompli ? Et alors : il n'en aime pas moins le football. Voilà deux centres d'intérêt qui n'étaient pas au programme des premières années de sa carrière. Ils ne figuraient pas dans ses priorités d'alors. Taquiner le goujon, ou regarder ses footballeurs favoris se battre pour la conquête d'un ballon : ces passe-temps sont montés en puissance chez lui au cours de ces quinze dernières années. Parce que Renaud y a trouvé la sérénité d'une part, le sens du spectacle sous d'autres formes que celles qu'il côtoie dans son propre métier, d'autre part. La pêche, on le sait désormais, fait partie intégrante de sa vie. Il l'a pratiquée près de la propriété familiale, dans le Vaucluse, et a poursuivi dans le Cantal, où il aimait à se rendre fréquemment pour tenter de reprendre pied, en plein cœur de sa période troublée. Souvent, en plongeant sa ligne dans l'eau des rivières, il a imaginé de nouveaux textes, il a élaboré de futures chansons. En toute tranquillité, et bien davantage pour accentuer celle-ci que pour s'adonner au simple plaisir d'attraper du poisson. Au milieu des années quatre-vingt, il a même revendiqué cette passion, comme en témoignait une photo célèbre de lui, à l'époque. Où on le voyait, suçant son pouce, un bandana rouge à la main, une canne à lancer dans l'autre. Ce geste n'était pas seulement, dans son esprit, celui d'un grand garçon qui reconstituait une expression enfantine, il était également censé nous montrer un Renaud qui s'était égratigné le pouce avec un hameçon ! Cette photo, particulièrement significative d'un état d'esprit passager, toujours à la recherche d'absolu et de calme, lui a même servi pour orner la pochette de son album *Mistral gagnant*, sorti en 1985. Preuve irréfutable de sa démarche : en dernière position de ce disque figurait la chanson *Fatigué*, où il exprimait, comme le titre l'indique, son désespoir devant les injustices les plus criantes : « Fatigué d'espérer, et fatigué de croire, à ces idées brandies comme des étendards, et pour lesquelles tant d'hommes ont connu l'abattoir », criait-il alors, comme pour montrer un premier signe de fragilité après toutes ces années de gloire et sans tache. D'où l'utilité, pour lui, d'aller se ressourcer au bord des cours d'eau, et d'y lancer un hameçon pour y partir à la quête d'un renouveau. Et pour y être moins désabusé. Car, mine de rien, la première chanson consacrée à sa passion pour la pêche n'avait rien du compte rendu d'une partie de campagne. Certes, « La pêche à la ligne » permettait à Renaud de revêtir les atours du pêcheur moyen : « Moi, j'affûte mes gaules pour partir à la pêche, musette sur l'épaule, saucisson, bière fraîche. » Certes, aussi, la chanson lui offrait l'occasion de mettre en valeur la part de vantardise dont se targuent souvent pêcheurs et chasseurs : « Moi, je sors une truite d'au moins cent vingt kilos, j'ai pitié, trop petite, je la rejette à l'eau. » Mais on pouvait déjà remarquer, au sein d'un texte pouvant être perçu comme léger et à vocation ludique, le début d'une brisure, l'amorce d'une fragilité naissante. Renaud y évoque Dominique : son amour « dort encore du sommeil de l'enclume », il la laisse « à ses rêves » où il pense ne pas être. Il l'imagine aussi téléphonant à sa mère « qui est sa meilleure amie », échangeant avec elle des « paroles éphémères », et aussi des « tout petits soucis ». Il lui reproche presque de se maquiller, en lui lançant : « Qui veut-elle séduire, je suis même pas là, je me tue à lui dire qu'elle est mieux sans tout ça, que ses yeux sont plus clairs, quand ils sont dans ma poche, et que vouloir trop plaire, c'est le plaisir des moches. » Et puis voilà que cette chanson, aimable résumé d'une journée passée au bord de l'eau, prend une tournure grave, presque tragique : « Lors, je rentre chez moi, triste comme un menhir, mais personne n'est là, pour m'entendre mentir. » Puis il pousse le bouchon encore plus loin, comme au beau milieu de la rivière : « Mon amour est parti, mais parti pour toujours, j'ai perdu mon amour et j'ai perdu ma vie… » Fallait-il voir là un premier signe d'une éventuelle rupture, consommée près de quinze ans plus tard, ou un simple jeu, une légère galéjade, destinée à transformer sa chanson en ritournelle mélodramatique ? Nul n'y a prêté attention, à l'époque, puisque alors personne n'aurait pu imaginer les lourds nuages qui allaient l'attendre au cours de la décennie suivante…

Renaud n'attendra pas longtemps pour évoquer à nouveau son amour des gaules, des hameçons et de la faune aquatique. Dans *Je cruel* (1991, album *Marchand de cailloux*), il en parle sur un ton pour le moins inhabituel : « Quand elle est montée sur ma mouche, je l'ai ferrée comme un salaud, mais je l'ai embrassée sur la bouche, avant de la remettre à l'eau. » Puis il ajoute : « C'est un jeu cruel, mais c'est la vie pour l'éternité, c'est parce que tu es belle, parce que je t'aime, qu'un jour je te tuerai. » Jeu de vie et de mort entre le pêcheur et le poisson : on se croirait presque au cœur d'une arène, en pleine corrida, où le matador joue avec le fauve qui lui fait face, le frôle et tourbillonne autour de lui pour mieux, ensuite, lui donner la mort. Cette chanson n'a pas connu le succès : pas facile dans un album où figuraient des titres poids lourds comme *Marchand de cailloux* ou *La ballade nord irlandaise*. Mais elle existe, et se réécoute aisément, avec un plaisir mêlé de curiosité. Plus bel exemple, encore, dans le même album : l'envoûtant *Tant qu'il y aura des ombres*. Dédiée « aux potes de la Sorgue », cette rivière qui coule paisiblement dans le sud-est de la France, et où Renaud, précisément, a, tant et tant de fois, trempé sa ligne. La chanson s'ouvre avec une courte intro à la guitare, d'une beauté absolue et d'une légèreté qui fleure bon l'eau claire. Sur un ton désabusé, Renaud appréhende « la grande hécatombe, avant qu'elle ne nous écrase sous une averse de bombes ». Mais laisse libre cours à des mots qui fuient tel le poisson le plus habile : « Tant qu'il y aura des ombres, des truites et des vandoises, croule la terre, craque le monde, nous irons dans les eaux turquoise, les rivières profondes. » La poésie la plus fluide est au rendez-vous : cette chanson est un chef-d'œuvre, qui se termine par une longue mélopée chorale, superbement inspirée. *Tant qu'il y aura des ombres* laisse l'auditeur pantois. Ce texte fait partie de ceux qu'il faut conserver, comme une pépite trouvée au pied d'une roche, sous l'onde d'un torrent paresseux. On nage en pleine poésie aquatique, on se laisse porter par un courant chaud et estival : du rêve en boîte, à écouter d'urgence quand le moral se fait la valise. Si l'album *A la belle de Mai* ne fait pas la moindre allusion à la pratique de la pêche, le suivant, «*Boucan d'enfer*», s'y accorde une courte pause. Dans *Mon bistrot préféré*, Renaud crée un cinquième couplet d'une infinie beauté : « L'ami René Fallet me parle de ces touches, qui le font frissonner quand il pêche à la mouche, et du vin et des femmes et surtout des copains, qui font la vie plus belle, le désespoir plus loin. » Hommage à l'écrivain, ami éternel du Tour de France et de la bonne chère, du vin frais et des parties de pêche entre copains. Car la pêche à la mouche, ce n'est plus vraiment de la pêche, c'est un art. Auquel Renaud s'est, lui aussi, adonné, tout en ressassant ses malheurs, en se remémorant les inoubliables moments de joie dont l'existence a bien voulu le gratifier.

Difficile d'enchaîner. De mêler les délicates sensations du pêcheur en quête d'une proie à celles du spectateur, présent dans un stade ou devant son poste de télévision, une bière à la main, pour encourager ses joueurs préférés. Mais pourtant, c'est ainsi. Renaud adore le football, et nous sommes des millions à partager cette passion, certes quelque peu refroidie depuis la piteuse prestation des Bleus à la Coupe du Monde asiatique, en juin 2002, mais toujours entretenue par les images surréalistes de ces chaudes soirées d'été 1998 et 2000. Supporter de l'équipe de France, Renaud l'est plus particulièrement de son fer de lance, de son diamant pur : Zinedine Zidane. En juin 2002, lors d'une émission télévisée entièrement consacrée au maître du Réal de Madrid et à son action humanitaire en faveur des enfants malades, le chanteur a pu exprimer au footballeur toute sa gratitude. « Le joueur et l'être humain sont exceptionnels », dira-t-il, presque timidement, comme un enfant devant une idole, comme un grand timide devant une icône vivante. Pourtant, si Renaud a le cœur en bleu, il a aussi ses préférences au niveau des clubs. Comme il le chante dans « *Mon amoureux* (1994, album *A la belle de Mai*), quand il fait dire à Lolita, évoquant son petit ami : « Du sport, il en fait pas, n'empêche qu'en championnat, il aime que Lens et Marseille comme toi ». Lens, parce que ses origines nordistes et la réussite du film *Germinal*, tourné en 1992 non loin de cette ville du Pas-de-Calais et de son stade Félix-Bollaert fétiche, n'ont échappé à personne. Marseille, parce que la résidence qu'il possède dans le Vaucluse l'a naturellement rapproché de la cité phocéenne. Et parce qu'il aime la folie qui règne lors des grands soirs au stade Vélodrome. On l'a vu souvent dans les travées de cet édifice célébrissime, où personne n'a encore oublié le retour triomphal des joueurs de l'OM, au lendemain de leur victoire en finale de la coupe d'Europe des clubs, en 1993, après qu'ils eurent terrassé le grand Milan AC au stade Olympique de Munich, grâce à un coup de tête du légendaire Basile Boli. Mais, Renaud aime aussi à se targuer d'avoir été un supporter de l'ombre, plongé au cœur des tribunes du Vélodrome aux plus noires années de l'OM, quand le club est redescendu en Division II, au cours de la seconde moitié des années quatre-vingt-dix. « Il m'est arrivé de prendre l'avion pour venir les applaudir, un soir d'hiver, pour un match contre Amiens », se souvient-il. S'il nourrit un réel intérêt – voire davantage – pour le club marseillais, il n'en voue pas moins une aversion profonde pour le Paris-Saint-Germain, pourtant le club de la capitale. De sa capitale. Invité de l'émission de Canal Plus « Nulle part ailleurs », Renaud, sur le plateau animé par Philippe Gildas, se laissera même aller, peu après une large défaite du PSG contre Nantes, au Parc des Princes (0-4). « Devant ma télé, j'étais limite érection », dira-t-il, un sourire malicieux planté au milieu du visage…

Dans son répertoire, peu de chansons font allusion au football. Mais il en est une qui a définitivement marqué les esprits : *A la belle de Mai*, parue dans l'album du même nom, sorti en 1994. Il s'y avoue quelque peu gêné, parce qu'étant à la fois fervent supporter de l'Olympique de Marseille et ennemi juré de Bernard Tapie. Or, l'ancien ministre, acteur et homme d'affaire a été aussi le président de l'OM aux plus belles heures du club ! Il y a même fait un retour, plus contesté celui-là, lors de la saison 2001-2002. Employant le langage provençal, pour donner le pendant à son album tout entier enregistré en « Ch'ti », Renaud se déchaîne. Bernard Tapie Marseillais, OK, mais Parisien avant tout ! Venu de la capitale pour conquérir la cité phocéenne, quitte à succéder au maire historique des lieux, Gaston Defferre : «Ça, pas question, fatche de con ! » dit-il, en conclusion ! Mais venu surtout pour prendre en main « son » équipe de l'OM, qu'il emmènera au titre suprême. « Avec le cul, ma foi, un peu bordé d'anchois, l'a fait des Phocéens, européens », chante-t-il, un ton de rancœur non rentré dans la voix. En ajoutant, sur le mode du regret : « Si on a la coupe, il l'a aussi ! » Ce qui ne l'empêche pas, deux couplets plus tard, d'enjoindre Bernard Tapie à rentrer au pays (comprenez dans la capitale), et d'aller « au PSG, chez les papés » !

Pourtant, si Renaud aime le ballon rond, s'il sait apprécier de beaux gestes techniques et se fondre tout à loisir dans les tribunes les plus follement bercées par leur passion, il ne s'est pas toujours montré très tendre à l'égard… des supporters, justement. Comme il l'a prouvé dans *Miss Maggie* (1985, album *Mistral gagnant*). Mais replaçons cette chanson dans son contexte, écrite qu'elle a été dans la foulée du drame ignoble du stade du Heysel, à Bruxelles, où plusieurs dizaines de spectateurs ont trouvé la mort avant le coup d'envoi de la finale de la coupe d'Europe opposant Liverpool à la Juventus de Turin de Michel Platini. Trois couplets entiers de cette chanson-brûlôt sont consacrés à cette folie. Le premier : « Femme je t'aime parce que, lorsque le sport devient la guerre, y'a pas de gonzesses, ou si peu, dans les hordes de supporters. » Le deuxième : « Ces fanatiques fous furieux abreuvés de haine et de bière, déifiant les crétins en bleu, insultant les salauds en vert. » Et le troisième, en point d'orgue : « Y a pas de gonzesse hooligan, imbécile et meurtrière, y'en a pas, même en Grande-Bretagne, à part, bien sûr, Madame Thatcher. » Bien avant de reconnaître son amour du ballon rond, Renaud avait ainsi désiré montrer la haine profonde que lui inspirent ces « pseudo-supporters » déboulant dans les stades, ou parfois – hélas ! – dans les rues adjacentes, un gendarme lensois, de faction avant un match de Coupe du Monde, en 1998, peut en témoigner… pour s'y livrer à des actes de violence sans aucune commune mesure avec le spectacle sportif auquel ils sont censés venir assister.

Ballons et poissons. Le football et la pêche. Le vacarme et le calme. La foule et la solitude. Des univers très différents, dans lesquels pourtant, Renaud, se reconnaît. À condition qu'on y respecte l'adversaire, qu'il porte un lumineux habit d'écailles ou un maillot qui n'est pas celui de ses « chouchous ». Puisant dans l'un comme dans l'autre de ces horizons, l'artiste sait juguler ses passions, analyser le bon et le mauvais, en sortir la substantifique moelle, et transformer le tout en chansons. Comme un alchimiste des mots, un magicien des doubles croches. Il en va ainsi de Renaud et de son œuvre. Plongés tous deux dans la diversité, dans les particularités, dans la singularité de chaque acte, de chaque chose, de chaque moment de vie, ils cohabitent depuis bientôt trente ans, pour un public qui adhère toujours plus nombreux au fil des années, malgré l'ombre portée d'années sans lumière…

Conclusion

Bon bilan ! Ou plutôt bilan globalement positif, pour reprendre une expression de sinistre mémoire. L'ensemble de la carrière de Renaud n'a rien d'un ratage, et bien des artistes auraient aimé pouvoir afficher le même palmarès, surtout en de si nombreuses années. Et puis, l'affreuse période noire traversée par le chanteur ne l'a pas amené à une déconsidération générale. Au contraire : au moins le public comprend-il, au vu d'une telle épreuve, qu'une star n'est pas inaccessible au mal, que la douleur peut le toucher. Et, au bout du compte, il voit bien que les moyens entrepris pour en sortir n'ont rien de surnaturels : cures antialcooliques, présence à tous les instants de ses amis les plus chers. A l'instar du commun des mortels, Renaud s'est sorti d'une situation mal engagée, presque désespérée, sans recette miracle. Sauf qu'il a disposé d'un outil de première grandeur pour regagner la place qui était la sienne : la sortie d'un disque, le plus beau peut-être, ce *Boucan d'enfer* qui lui a permis de reconquérir le cœur d'un public parti vers d'autres rives. Mieux : Renaud est sorti de l'ombre pour devenir un être humain, mais profondément humain, qui sait toucher son public là où ça fait mal, qui sait lui faire partager les moments les plus difficilement supportables de son intimité. Ce qui n'était pas gagné d'avance. Un disque comportant une bonne moitié de chansons parlant d'amours mortes n'a, *a priori*, rien de réjouissant. Sauf que Renaud, avec son style à lui, avec son incomparable facilité à porter au rang de poésie les mots les plus courants, a su transmettre le message qui était le sien. Celui d'un homme brisé par le chagrin et par l'alcool, puis en

voie de rédemption, tirant des bords pour rejoindre la rive. Et y parvenant finalement, à force de courage et d'amitié.
Et ça marche : Renaud est aujourd'hui redevenu ce qu'il était. Mieux, encore, peut-être. Avant, il était un homme en uniforme, blouson de cuir et bandana. Maintenant, il est un être humain à peine couvert d'un voile de pudeur. Presque nu devant un public à qui il vient d'apporter ce qu'il n'attendait plus. Certains des plus ardents supporters s'étaient déjà résolus à se contenter, pour toujours, des disques du passé, voire des compilations qui ont fleuri au cours des dernières années. Comme on écoute Brassens, Brel ou Ferré, on aurait écouté Renaud. Sans espoir de renaissance. Avec une différence, tout de même : lui est encore vivant, fatigué et cassé moralement, mais vivant ! Non, cela n'était pas possible, et Renaud l'a compris. Il est revenu, et compte bien rester longtemps là où il se trouve aujourd'hui. Ses fans poussent alors le plus grand ouf ! de leur existence. Un ouf ! qu'ils envoient au cœur de Renaud, lequel le reçoit, décodé, en un mot qui se décline en cinq lettres : merci.
La popularité de Renaud est telle qu'il figure en bonne place au classement des personnalités préférées des Français, publié tous les six mois par le *Journal du dimanche*. Le dernier en date l'a été en août 2002, et, dans sa dépêche du 19, l'Agence France Presse se fend d'un petit commentaire : « Renaud fait partie des nouveaux entrants de ce classement des cinquante personnalités les plus populaires, avec les humoristes Mimie Mathy et Muriel Robin. » Eh oui, Renaud est 6e du classement, qui s'établit ainsi : 1, l'abbé Pierre (inamovible leader), 2, Zinédine Zidane (il avait été premier après la coupe du Monde), 3, Jean-Jacques Goldman (depuis longtemps le chouchou des foules). Suivent au palmarès : 4, David Douillet. 5, Sœur Emmanuelle. 6, Renaud. 7, Jean-Paul Belmondo. 8, Nicolas Hulot. 9, Henri Salvador. 10, Michel Serrault. Que voilà l'idole en excellente compagnie ! Et loin, de surcroît, devant José Bové (34e), Bernard Tapie (36e), Jacques Chirac (39e), Lionel Jospin (47e) et Jean-Pierre Raffarin (49e). Alors, bien sûr, de tels classements sont

de simples baromètres. En l'occurrence le résultat d'une enquête d'opinion menée auprès d'un échantillon « représentatif » de 1095 personnes de plus de dix-huit ans (dommage). Mais pour ce qui concerne Renaud, ce chiffre révèle la remontée incontestable d'une popularité jadis entamée, qu'amplifie celui, à bien plus grande échelle, de son immense chiffre de ventes pour *Boucan d'enfer.*

Autre sondage favorable à Renaud : le fleurissement des sites internet qui lui sont consacrés. Ou même parfois, de simples pages, ornées d'un texte d'hommage et d'une photo discrète. Des sites qui n'ont pas attendu que Renaud renaisse pour entrer dans l'ordinateur tout ce que la vie et la carrière de l'artiste pouvaient contenir d'intéressant pour le public. En l'absence d'un véritable site officiel, dans lequel Renaud interviendrait personnellement, comme un footballeur vient, chaque matin, donner l'état de santé de son mollet meurtri. Une équipe, pourtant, a su maîtriser l'outil informatique mieux que les autres, et a donné naissance au site HLM de Renaud (www.sharedsite.com/hlm-de-renaud/). Magnifique ! Enrichi au fil du temps, ce site web est un outil indispensable pour qui aime déjà ou désire découvrir Renaud. Comme dans une gigantesque boutique, chacun vient y trouver ce qu'il veut : dates de concerts, photos, articles de presse, présentation des livres consacrés au chanteur. Un site de « potes », des « vrais de vrais » comme chante l'idole, qui aiment à se retrouver lors de soirées (qu'ils baptisent des « bouteilles ») tout à la gloire de Renaud. Comme dans son bistrot préféré à lui !

Avant de refermer ce livre, après avoir effeuillé quelques-une des pages les plus marquantes de la vie de Renaud, laissons-nous aller à un comparatif entre deux époques. Celle des années quatre-vingt, ses vertes saisons de gloire, et l'actuelle, faite du brouhaha de la vie, et d'un retour inespéré. Histoire de vérifier si l'avenir de Renaud, devenu son présent, s'est vraiment déroulé de la façon prévue. Hier, Renaud était un des plus jeunes parmi les tout premiers chanteurs français. Il n'avait pas envie d'être un ancien artiste, décidé qu'il était à arrêter, s'il sentait que la sauce ne prenait plus. Aujourd'hui, certes, Renaud n'est plus un tout jeune chanteur, mais la génération des Cabrel, Goldman et consorts a vieilli au même rythme, et ils ne sont pas bien nombreux, derrière eux, à reprendre le flambeau. « Au niveau de la contestation, aujourd'hui, je laisse la place à Noir Désir et à Zebda », confiait-il lors d'une récente interview. N'empêche : les membres de ces deux groupes ont, eux aussi, dépassé la quarantaine ! En attendant, Renaud est revenu, à cinquante ans, et on ne le compte toujours pas au rayon des « anciens ». Autre exemple : on se souvient qu'un soir, à la télé, à la sortie du Zénith, un homme à l'apparence joviale était parti dans un délire superbe. Le mégot à la bouche, il avait comparé le chanteur au « roi Renaud », et dit, tout bonnement : «Au Moyen âge, il y avait les ménestrels et les troubadours, et aujourd'hui, il y a Renaud !». Aujourd'hui : rien n'a changé. Plusieurs journalistes ont titré leurs articles consacrés à la sortie du disque *Boucan d'enfer* ainsi : « Le retour du roi Renaud ». Et nombreux sont ceux qui, aujourd'hui encore, comparent le chanteur à la tignasse blonde aux trouvères, troubadours et autres ménestrels. Ou encore : en 1985, Renaud était arrivé à un moment charnière de sa carrière, sans avoir plus jamais le droit de décevoir. Il était monté si haut que la moindre amorce de descente eût été catastrophique. Elle aurait pu être considérée – à juste titre – comme un déclin naissant... et définitif ! Cette amorce de descente, Renaud l'a certes connue. Elle s'est même accentuée lorsque ses déboires amoureux se sont mis de la partie. Une descente aux enfers, imprévisible, soudaine, terrifiante. Mais pas définitive, comme en témoigne le retour au premier plan qu'il a effectué au printemps 2002.

Entre ces deux époques, bien distinctes, Renaud a, en définitive, remis les compteurs à zéro. Il était au sommet de son art, au creux des années quatre-vingt ? Il y revient maintenant. Oublié, le chanteur énervant ? Certes non. Nous venons de le voir, les Français font de lui, aujourd'hui, une des personnalités qu'ils

préfèrent. Cela signifie donc clairement que sa période noire n'aura pas suffi, malgré son intensité angoissante, à abattre un homme habitué au succès et qui veut le reconquérir. Qu'une séparation amoureuse et des années passées le nez dans le pastis n'ont pas ébranlé ses capacités de créateur. Que, malgré ses incommensurables malheurs, il a su faire de *Boucan d'enfer* l'égal de *Morgane de toi* ou de *Mistral gagnant*. C'est là le privilège des artistes, qui déclinent et renaissent, qui plongent à la limite de l'indicible et reviennent d'entre les morts. Et qui, au bout du compte, ressortent vivants d'un tunnel empuanti par les brumes de l'alcool, et rendu opaque par la chute de l'amour.
Et l'avenir ? Renaud vient d'avoir la cinquantaine. L'album *Boucan d'enfer*, le film *Crime Spree*, sa rentrée au Zénith de Paris, sa tournée en province. Voilà son actualité. Son jeune passé et son avenir, pour quelques mois. Mais ensuite ? Renaud a déjà annoncé que ses prochaines chansons seraient plus « politiques ». Peu importe leur futur contenu, d'ailleurs, mais au moins nous explique-t-il lui-même qu'elles vont exister. Si ces paroles se concrétisent, *Boucan d'enfer* ne se sera pas contenté d'être le message d'un artiste qui, après avoir réalisé le meilleur quand on pouvait s'attendre au pire, sera revenu effectuer quelques tours de piste, avant de prendre le large. Définitivement. Non ! Je pense, pour ma part, que Renaud a défalqué de son compteur d'âge les années de galère qu'il vient de connaître. Et que si l'alcool a épaissi ses traits, a accentué ses rides, lui a fait perdre bien des illusions, le chanteur ne se considère pas pour autant comme un quinquagénaire dans l'âme. Quoiqu'un peu endurci par les épreuves de la vie. Pour Renaud comme pour les autres, le temps passe vite, et, avec lui, s'éteignent les lumières de l'espoir.
« Imagine ! ». Dans quelques années, le monde sera peut-être plus libre, plus heureux. Alors, qui sait ?, Renaud n'aura-t-il plus rien à dire. Mais peut-être, aussi, trouvera-t-il, à ce moment-là, la force d'explorer d'autres pistes, de puiser encore dans l'insondable gouffre de la poésie. Il nous racontera ses petits-

enfants, cultivera, à son tour, l'art d'être grand-père. Peut-être les mettra-t-il en garde contre les affres de l'existence, leur dira-t-il « qu'il faut aimer la vie, et l'aimer même si le temps est assassin, et emporte avec lui les rires des enfants… » Qui sait ? Il nous racontera encore Manu, Pierrot, nous rappellera les «Mistral gagnants» ou les « Marchands de cailloux » de sa jeunesse. Il se souviendra de la banlieue, des cités – mais que seront-elles devenues alors ? – et contestera toujours la bêtise de ce monde, plein de bourgeois « endormis et contents ».
Mais, allons ! lançons un pari sur un avenir moins éloigné : Renaud va créer de nouvelles chansons, imaginer de nouveaux personnages, faire toujours autant vagabonder les âmes et les esprits. « J'ai fait un rêve », disait le pasteur Martin Luther King, qui croyait en un monde meilleur, et en est mort. Recommençons, nous aussi, ce rêve, auprès de celui qui, de toute façon, aura toujours la faconde à fleur de peau, n'abandonnera jamais son habit de créateur de lumière. Renaud, après son retour gagnant, ne nous quittera plus. J'en fais le pari…

Discographie

Ouf ! Le livre est fini. Ou presque. Il nous reste à réviser, comme avant une rentrée scolaire. A nous remettre en mémoire tout ce que la carrière discographique de Renaud compte de pépites, d'opus. De 1975 à 2002, jetons un œil sur la liste des chansons renaudiennes, portées aux nues ou tombées dans l'oubli. Voici donc cette liste, par le menu. Celui-ci ne tient toutefois pas compte des nombreux 45 tours ou maxi 45 tours des débuts, ni des CD deux titres plus récents, et encore moins des nombreuses compilations qui ont permis aux fans débutants de posséder, chez eux, le résumé d'une œuvre qui, pour les vrais supporters, ne peut se concevoir que dans son intégralité…

1975 « Renaud »

Amoureux de Paname, Renaud Séchan.
Société, tu m'auras pas, Renaud Séchan.
Petite fille des sombres rues, Renaud Séchan.
La java sans joie, Renaud Séchan.
Gueule d'aminche, Renaud Séchan.
La Coupole, Renaud Séchan.
Hexagone, Renaud Séchan.
Écoutez-moi les gavroches, Renaud Séchan.
Rita, Renaud Séchan.
Camarade bourgeois, Renaud Séchan.
Le gringalet, Renaud Séchan.
La menthe à l'eau, Renaud Séchan.
Greta, Renaud Séchan.
Disques Polydor.

1977 « Renaud »

Laisse béton, Renaud Séchan.
Le blues de la porte d'Orléans, Renaud Séchan.
La chanson du loubard, Muriel Huster, Renaud Séchan.
Je suis une bande de jeunes, Renaud Séchan, Gilles Péram.
Adieu minette, Renaud Séchan.
Les charognards, Renaud Séchan.
Jojo le démago, Renaud Séchan.
Buffalo débile, Renaud Séchan.
La boum, Renaud Séchan.
Germaine, Renaud Séchan.
Mélusine, Renaud Séchan.
La bande à Lucien, Renaud Séchan.
Disques Polydor.

1979 « Renaud »

Ma gonzesse, Renaud Séchan, Alain Brice.
Sans dec', Renaud Séchan.
La tire à Dédé, Renaud Séchan.
Ch'timi rock, Renaud Séchan.
J'ai la vie qui m'pique les yeux, Renaud Séchan.
C'est mon dernier bal, Renaud Séchan.
Le tango de Massy-Palaiseau, Renaud Séchan.
Chanson pour Pierrot, Renaud Séchan.
Salut Manouche, Renaud Séchan.
Peau aime, Renaud Séchan.
Disques Polydor.

1980 « Marche à l'ombre »

Marche à l'ombre, Renaud Séchan.
Les aventures de Gérard Lambert, Renaud Séchan, Alain Ranval.
Dans mon HLM, Renaud Séchan.
La teigne, Renaud Séchan.
Où c'est qu'j'ai mis mon flingue, Renaud Séchan.
It is not because you are, Renaud Séchan.
Baston !, Renaud Séchan, Michel Roy.
Mimi l'ennui, Renaud Séchan.
L'auto-stoppeuse, Renaud Séchan.
Pourquoi d'abord ?, Renaud Séchan.
Disques Polydor.

1980 « Renaud à Bobino » album en public

Société tu m'auras pas.
La chanson du loubard.
La bande à Lucien.
Ma gonzesse.
Les aventures de Gérard Lambert.
La teigne.
Hexagone.
Chanson pour Pierrot.
La tire à Dédé.
Les charognards.
Germaine.
L'auto-stoppeuse.
It is not because you are.
Mimi l'ennui.
Marche à l'ombre.

Dans mon HLM.
Pourquoi d'abord?
Baston.
Disques Polydor.

1981 « Le p'tit bal du samedi soir, et autres chansons réalistes»

Enregistrement public de la première partie du spectacle de Bobino en 1980.
Lézard, Aristide Bruant.
C'est un mauvais garçon, J. Boyer, G. Van Parys.
Du gris, E. Dumont, F.L. Benech.
Tel qu'il est M. Vandair, Charlys, Alexander.
C'est un mâle Charlys.
Le p'tit bal du samedi soir, Drejac, Delettre, Borel, Clerc.
Un chat qui miaule, G. Zwingel, F. Faecq, M. Camia, Pesenti.
Rue Saint-Vincent, Aristide Bruant.
La java A. Villemetz, J. Charles, M. Yvain.
La jeune fille du métro.
La butte rouge, Montehus, G.Krier.
La plus bath des javas, Georgius Tremolo.
Disques Polydor.

1981 « Le retour de Gérard Lambert »

Banlieue rouge, Renaud Séchan.
Manu, Renaud Séchan.
Le retour de Gérard Lambert, Renaud Séchan, Jean-Philippe Goude.
Le Père Noël noir, Renaud Séchan.
J'ai raté Télé foot, Renaud Séchan.
Oscar, Renaud Séchan.
Mon beauf', Renaud Séchan, Alain Ranval.
La blanche, Renaud Séchan.
Soleil immonde, Michel Colucci.
Étudiant, poil aux dents, Renaud Séchan.
À quelle heure on arrive ?, Renaud Séchan.
Disques Polydor.

1982 « Un Olympia pour moi tout seul »

Enregistrement public du spectacle à l'Olympia.
Où c'est qu'j'ai mis mon flingue ?
Les aventures de Gérard Lambert.
La chanson du loubard.

Chanson pour Pierrot.
Germaine.
Mon beauf'.
Le retour de Gérard Lambert.
Étudiant, poil aux dents.
La teigne.
Le Père Noël noir.
Banlieue rouge.
Manu.
J'ai raté Télé foot.
Dans mon HLM.
Disques Polydor.

1983 « Morgane de toi »

Dès que le vent soufflera, Renaud Séchan.
Deuxième génération, Renaud Séchan.
Pochtron !, Renaud Séchan.
Morgane de toi, Renaud Séchan, Franck Langolff.
Doudou s'en fout, Renaud Séchan.
En cloque, Renaud Séchan.
Ma chanson leur a pas plu, Renaud Séchan.
Déserteur, Renaud Séchan.
Près des autos tamponneuses, Renaud Séchan, Franck Langolff.
Disques Polydor.

1985 « Mistral gagnant »

Miss Maggie, Renaud Séchan, Jean-Pierre Bucolo.
La pêche à la ligne, Renaud Séchan, Jean-Pierre Bucolo.
Si t'es mon pote, Renaud Séchan, Jean-Pierre Bucolo.
Mistral gagnant, Renaud Séchan.
Trois matelots, Renaud Séchan.
Tu vas au bal ?, Renaud Séchan.
Morts les enfants, Renaud Séchan, Franck Langolff.
Baby-sitting blues, Renaud Séchan.
P'tite conne, Renaud Séchan.
Le retour de la Pépette, Renaud Séchan.
Fatigué, Renaud Séchan, Franck Langolff.
Disques Virgin.

1988 « Putain de camion »

Jonathan, Renaud Séchan, Luc Bertin.
Il pleut, Renaud Séchan.

La mère à Titi, Renaud Séchan, Franck Langolff.
Triviale poursuite, Renaud Séchan, Franck Langolff.
Me jette pas, Renaud Séchan.
Rouge-gorge, Renaud Séchan.
Allongés sous les vagues, Renaud Séchan.
Cent ans, Renaud Séchan, Pierre-Jean Gidon.
Socialiste, Renaud Séchan.
Petite, Renaud Séchan, Franck Langolff.
Chanson dégueulasse, Renaud Séchan,
Jean-Louis Roques.
Putain de camion, Renaud Séchan, Franck Langolff.
Disques Virgin.

1989 «Visage pâle rencontrer public» double album

Enregistrement public d'un concert au Printemps de Bourges.
Cent ans.
Fatigué.
Miss Maggie.
Petite.
Tu vas au bal?
Près des autos tamponneuses.
Morts les enfants.
La pêche à la ligne.
Socialiste.
Mistral gagnant.
Dès que le vent soufflera.
Triviale poursuite.
Il pleut.
Putain de camion.
La mère à Titi.
Morgane de toi.
Manu.
Me jette pas.
Jonathan.
Disques Virgin.

1991 «Marchand de cailloux»

Marchand de cailloux, Renaud Séchan.
L'aquarium, Renaud Séchan, Jean-Pierre Bucolo.
P'tit voleur, Renaud Séchan, Jean-Louis Roques.
Olé!, Renaud Séchan, Jean-Pierre Bucolo.
Les dimanches à la con, Renaud Séchan.
Dans ton sac, Renaud Séchan, Mourad Malki.
Le tango des élus, Renaud Séchan.

La ballade nord-irlandaise, Renaud Séchan-traditionnel, arrangements Pete Briquette.
500 connards sur la ligne de départ, Renaud Séchan, Renaud Detressan.
Tonton, Renaud Séchan, Jean-Louis Roques.
Je cruel, Renaud Séchan, Jean-Louis Roques.
C'est pas du pipeau, Renaud Séchan, Renaud Detressan, Thomas Noton
Ma chanson leur a pas plu (suite), Renaud Séchan.
Tant qu'il y aura des ombres, Renaud Séchan.
Disques Virgin.

1993 « Renaud cante el'Nord »

Tout in haut de ch'terril, Arthur Wéry, Charlys.
El pinsionnée, Edmond Tanière.
Ch'méneu d'quévaux, Arthur Wéry.
Les tomates, Roland Saint-Yves.
Le tango du cachalot, Roland Saint-Yves, Edmond Tanière.
Adieu ch'terril, d'Rimbert Guy Dubois, Simon Colliez.
Eun' goutt' ed' jus, Edmond Tanière.
M'lampiste, folklore, adapté et arrangé par Edmond Tanière.
Y'in a qu' pour li, Simon Colliez.
Les molettes, Edmond Tanière.
I bot un d'mi, Simon Colliez.
Dù qu'i sont, Guy Dubois, Simon Colliez.
Disques Virgin.

1994 « A la belle de Mai »

La ballade de Willy Brouillard, Renaud Séchan, Amaury Blanchard, Pierre Delas.
À la belle de Mai, Renaud Séchan.
C'est quand qu'on va où ?, Renaud Séchan, Julien Clerc.
Le sirop de la rue, Renaud Séchan, Julien Clerc.
Devant les lavabos, Renaud Séchan, Alain Labacci.
Cheveu blanc, Renaud Séchan, Mourad Malki.
Le petit chat est mort, Renaud Séchan, Jean-Louis Roques.
Adios Zapata !, Renaud Séchan, Julien Clerc.
Son bleu, Renaud Séchan, Jean-Louis Roques.
Mon amoureux, Renaud Séchan, François Ovide.
Lolito Lolita, Renaud Séchan.
La médaille, Renaud Séchan.
Disques Virgin.

1995 « Renaud chante Brassens »

Je suis un voyou, Georges Brassens.
La marine, Paul Fort, Georges Brassens.
Le gorille, Georges Brassens.
La chasse aux papillons, Georges Brassens.
Comme hier, Paul Fort, Georges Brassens.
Les amoureux des bancs publics, Georges Brassens.
Brave Margot, Georges Brassens.
Hécatombe, Georges Brassens.
La mauvaise herbe, Georges Brassens.
Le mauvais sujet repenti, Georges Brassens.
La légende de la nonne, Victor Hugo, Georges Brassens.
Auprès de mon arbre, Georges Brassens.
Gastibelza, Victor Hugo, Georges Brassens.
Les croquants, Georges Brassens.
Philistins, Jean Richepin, Georges Brassens.
Le vieux Léon, Georges Brassens.
Le Père Noël et la petite fille, Georges Brassens.
La femme d'Hector, Georges Brassens.
Le bistrot, Georges Brassens.
L'orage, Georges Brassens.
Jeanne, Georges Brassens.
La complainte des filles de joie, Georges Brassens.
Les illusions perdues, Georges Brassens.
Disques Virgin.

1996 « Renaud, Paris-provinces, aller-retour »
double album

Enregistrement public de concerts donnés à la Mutualité de Paris, à Bagnols-sur-Cèze, Carcassonne et Lyon.
La ballade de Willy Brouillard.
Deuxième génération.
Doudou s'en fout.
En cloque.
L'aquarium.
Le sirop de la rue.
Le petit chat est mort.
La pêche à la ligne.
Adios Zapata.
C'est quand qu'on va où ?
Le mauvais sujet repenti.
Son bleu.
Fatigué.
À la belle de Mai.

La médaille.
Dans mon HLM.
La chanson du loubard.
Dès que le vent soufflera.
La teigne.
Marche à l'ombre.
Déserteur.
Socialiste.
Morts les enfants.
Il pleut.
Je suis un voyou.
Marchand de cailloux.
Mon amoureux.
Le pot-pourri.
Hexagone.
Disques Virgin.

2002 «Boucan d'enfer»

Docteur Renaud, mister Renard, Renaud Séchan, Jean-Pierre Bucolo.
Petit pédé, Renaud Séchan, Jean-Pierre Bucolo.
Je vis caché, Renaud Séchan, Jean-Pierre Bucolo.
Cœur perdu, Renaud Séchan, Alain Lanty.
Manhattan-Kaboul, Renaud Séchan, Jean-Pierre Bucolo.
Elle a vu le loup, Renaud Séchan.
Tout arrêter, Renaud Séchan, Jean-Pierre Bucolo.
Baltique, Renaud Séchan, Alain Lanty.
L'entarté, Renaud Séchan, Jean-Pierre Bucolo.
Boucan d'enfer, Renaud Séchan, Jean-Pierre Bucolo.
Mon nain de jardin, Renaud Séchan, Alain Lanty.
Mal barrés, Renaud Séchan, Alain Lanty.
Corsic'armes, Renaud Séchan, Jean-Pierre Bucolo.
Mon bistrot préféré, Renaud Séchan, Jean-Pierre Bucolo.
Disques Virgin.

Table des matières

Introduction 7
« Y'a bien pire que mourir » 11
Un soir, à Thonon 23
La renaissance 35
Une vie en chansons 63
Une vie, des chansons, Parisien de toujours 65
Adieu minettes 81
Société, tu m'auras pas 89
Eh ! déconne pas Manu... 131
La sacro-sainte famille 141
Artistes et amis 157
Nous nous en allerons... 165
Ballons et poissons 173
Conclusion 181
Discographie 187

Les Éditions Favre ont publié plus de 750 titres, dont les plus récents sont disponibles, à savoir :

Dossiers et témoignages

Zone sensible, Léna Cojan, 152 p.	16,80 €	SFr. 28,-
Le viol, Thornhill & Palmer, 330 p.	25,00 €	SFr. 33,50
Plus permis de tuer, Richard Tomlison, 440 p.	23,00 €	SFr. 36,-
Oussama Ben Laden, Richard Labévière, 182 p.	17,60 €	SFr. 29,-
Nicolas de Villegagnon, Serge Elmalan, préface de Jean-Christophe Rufin, 310 p. illustrations couleurs	23,50 €	SFr. 38,50
Le voile islamique, Fawzia Zouari, 176 p.	18,90 €	SFr. 32,-
J.K. Rowling, la magicienne qui créa Harry Potter, Sean Smith, illustré, 286 p.	19,40 €	SFr. 34,80
Algérie, la terreur sacrée, Liess Boukra, 392 p.	22,60 €	SFr. 36,-
Docteur la Mort, Tristan Mendès France, 164 p,	14,90 €	SFr. 25,-
Nuit gravement au tabac, Me Francis Caballero, 222 p,	18,20 €	SFr. 29,50
Le voile islamique, Fawzia Zouari, 192 p.	18,90 €	SFr. 32,50
L'Arabie à l'origine de l'islamisme, Claude Feuillet, 220 p.	18,90 €	SFr. 32,50
Les jumelles de la liberté, Colin Gordon, 96 p.	11,90 €	SFr. 24,-
De l'expertise criminelle au profilage, Michèle Agrapart-Delmas, 242 p.	19,30 €	SFr. 34,80
Les bouddhas d'Afghanistan, Pierre Centlivres, 176 p.	18,20 €	SFr. 32,50
Climat de panique, Yves Lenoir, 224 p.	19,30 €	SFr. 34,80
Le bonheur pour une orange n'est pas d'être un abricot, Catherine Preljocaj, 242 p.	19,60 €	SFr. 34,80
Josette Bauer, une femme en cavale, Jean-Jacques Maillard, 308 p.	19,60 €	SFr. 34,80
Ma vie avec les chevaux du bout du monde, Jacqueline Ripart, 268 p. dont 16 p. photos	18,10 €	SFr. 34,80
Petite encyclopédie du baiser, Jean-Luc Tournier, 192 p.	12,00 €	SFr. 19,90
(Tout) l'art contemporain est-il nul ? Patrick Barrer, 368 p.	19,70 €	SFr. 38,-
L'Amérique totalitaire, M. Bugnon-Mordant, préfacé par Pierre Salinger, 304 p.	21,10 €	SFr. 42,50
Irak, l'apocalypse, Père Jean-Marie Benjamin, 192 p.	18,10 €	SFr. 32,50
La mafia albanaise, Xavier Raufer, 144 p.	18,10 €	SFr. 32,50
Peut-on vivre avec l'islam, Jacques Neirynck et Tariq Ramadan 240 p.	19,20 €	SFr. 36,-
Pour en finir avec la Corse : enquête sur une dérive politique, économique et mafieuse, J. -M. Fombonne, 184 p.	14,80 €	SFr. 25,-
La mondialisation sauvage, Blaise Lempen, 176 p.	18,10 €	SFr. 32,50
Falun Gong la voie de l'accomplissement, Li Honghzi, 160 p.	17,50 €	SFr. 28,70
Comment des enfants deviennent des assassins, Dr. Michel Bourgat, 256 p.	19,20 €	SFr. 36,-
Enquête sur les disparitions, Jacques Mazeau, 208 p.	18,10 €	SFr. 32,50
L'envahisseur américain, Hollywood contre Billancourt, Philippe d'Hugues, 176 p.	18,10 €	SFr. 32,50
Peut-on rire de tout ? Me Gilbert Collard et Denis Trossero, 144 p.	17,50 €	SFr. 28,70
Parfums et senteurs du grand siècle, André Chauvière, 160 p.	18,10 €	SFr. 32,50
Amour, chance et réussite : mode d'emploi ! Anca Visdei, 220 p.	18,10 €	SFr. 32,50
Harem, D. Zintgraff et E. Cevro Vukovic, 208 p.	17,50 €	SFr. 28,70
Piercing : rites ethniques, pratique moderne, V. Zbinden, livre illustré, 176 p.	17,50 €	SFr. 28,70
La Saga du Timor-Oriental, J. Ramos-Horta, Prix Nobel de la Paix 1996, présenté par Mgr Gaillot, 184 p.	17,50 €	SFr. 28,-
L'énigme Vassula : en communication directe avec Dieu ? entretiens avec J. Neirynck, 176 p.	17,50 €	SFr. 28,70
Guide Chambost des paradis fiscaux, Me Edouard Chambost, 742 p.	44,20 €	SFr. 75,-
Combats pour l'Afrique et la démocratie, Jonas Savimbi, leader de l'UNITA, 192 p.	18,20 €	SFr. 30,-
Pratique du théâtre pour enfants, Claude Vallon, 192 p.	17,50 €	SFr. 28,70
Crois et meurs dans l'Ordre du Temple Solaire, H. Delorme, 192 p.	12,00 €	SFr. 19,80
Senior Guide : votre retraite de A à Z, E. Haymann, 144 p.	14,70 €	
L'Orgueil d'être une femme, interviews de Shire Hite par Philippe Barraud, 220 p.	18,20 €	SFr,32.50

Tous les chemins de la médecine

Tout savoir sur les plantes qui deviennent des drogues, Prof. Kurt Hostettmann, illustré en couleurs, 144 p.	18,20 €	SFr. 34,80
Tout savoir sur les plantes médicinales des montagnes, Prof. Kurt Hostettmann, illustré en couleurs, 144 p.	18,20 €	SFr. 34,80
Toutes les confitures sont dans la nature, François Couplan, 256 p.	20,90 €	SFr. 38,-
Tout savoir sur l'autoprogrammation mentale et l'hypnose du troisième millénaire, Alban de Jong, 240 p.	18,20 €	SFr. 32,50
Tout savoir pour bénéficier des effets de la DHEA et des superhormones naturelles, Karl J. Neeser, 192 p.	13,90 €	SFr. 25,-
Tout savoir sur la prostate, Prof. Bernard Debré, un CD-rom inclus, 154 p.	19,90 €	SFr. 36,-
Tout savoir pour choisir le sport de votre enfant, Dr Michel Bourgat, 160 p.	16,60 €	SFr. 28,70
Guide d'utilisation des vitamines, acides gras et plantes, Dr Philippe Lagarde, 144 p.	13,60 €	SFr. 24,-
Tout savoir sur les aphrodisiaques naturels, Prof. Kurt Hostettmann, 176 p.	19,60 €	SFr. 38,-
Tout savoir sur la voix, Dr M.-L. Dutoit-Marco, 208 p.	14,80 €	SFr. 25,-
Tout savoir sur le cancer, Dr Philippe Lagarde, 272 p.	22,10 €	SFr. 45,-
Tout savoir sur le pouvoir des plantes, sources de médicaments, Prof. Kurt Hostettmann, 240 p.	22,10 €	SFr. 36,-
Tout savoir sur le dopage, Dr. Michel Bourgat, 176 p.	17,50 €	SFr. 28,70

Tout savoir pour comprendre l'érotisme de l'homme et de la femme, Dr. Georges Abraham, 192 p.	18,10 €	SFr. 32,50
Tout savoir sur l'art-thérapie, Prof. Richard Forestier, 176 p.	18,10 €	SFr. 32,50
Tout savoir sur la gastronomique qui améliore votre santé, Dr Agnès Amsellem, 198 p.	17,50 €	SFr. 28,70
Tout savoir sur les vertus du vin, Corinne Pezard, 132 p.	12,00 €	SFr. 19,90
Tout savoir sur l'anorexie et la boulimie, Dr Alain Perroud, 176 p.	18,10 €	SFr. 32,50
Tout savoir sur les traitements antivieillissement, Prof. Jacques Proust, 224 p.	19,50 €	SFr. 36,-
Tout savoir sur votre écriture, René Vaucher, 224 p.	17,50 €	SFr. 32,50
Tout savoir sur les progrès du laser en esthétique, chirurgie, dermatologie : rides, paupières, bouche, etc. Dr Bernard Hayot, 144p.	14,60 €	SFr. 25,-
Tout savoir sur le génie génétique, Ph. Gay et J. Neirynck, 192 p.	17,50 €	SFr. 28,70
Tout savoir sur le pied, Roselyne Landsberg, livre illustré, 224 p.	18,10 €	SFr. 32,50
Tout savoir sur le maquillage permanent, Eleonora Habnit, illustré, 192 p.	19,50 €	SFr. 36,-
L'herbier des montagnes, François Couplan, 176 p.	19,60 €	SFr. 38,-

Littérature

La princesse aztèque Malinali, Kay Pradier, 242 p.	19,70 €	SFr. 34,80
Ganesh, Jean-Louis Gouraud, roman initiatique, 224 p.	14,40 €	SFr. 28,70
Ourasi, le roi fainéant, Homeric, 384 p.	19,60 €	SFr. 36,-
Une fièvre de cheval, Jean-François Prè, 288 p.	18,10 €	SFr. 32,50
Mortel anesthésique, Patrick Ledrappier, 458 p.	19,60 €	SFr. 36,-
Les médecins vus par..., Dr Christian Roques, 256 p.	19,60 €	SFr. 38,-
Les Blancs vus par les Africains, textes présentés par Jacques Chevrier, 224 p.	14,60 €	SFr. 25,-
Serko, vrai faux roman, Jean-Louis Gouraud, 216 p.	14,40 €	SFr. 24,-
Escapade en enfer et autres nouvelles, Mouamar Kadhafi, 176 p.	14,40 €	SFr. 24,-

Albums

Volutes glamour, Jean-Claude Ribaut 128 p., illustrations couleurs	23,00 €	SFr. 39,-
Jambes de femme, Anca Visdei 128 p., illustrations couleurs	23,00 €	SFr. 39,-
Vallotton, Jean-Paul Morel 112 p.,	19,00 €	SFr. 32,-
Vertiges, Roland Pierroz, préface de Gilles Pudlowski. 200 p., illustrations couleurs	39,00 €	SFr. 75,-
La grande cuisine italienne de Antonio et Nadia Santini, préface de Gilles Pudlowski. 150 p. illustrations couleurs	35,00 €	SFr. 65,-
Georges Stubbs, le peintre très anglais du cheval. 160 p., dont 64 en couleurs	48,00 €	SFr. 82,-
Leonor Fini, tout en couleurs, 208 p.	42,60 €	SFr. 75,-
L'aventure absolue, Jean Troillet, texte de Pierre Rouyer, tout en couleurs, 176 p.	42,70 €	SFr. 79,-
Émotions gourmandes, Frédy Girardet, tout en couleurs, 208 p.	44,20 €	SFr. 95,-
Svertchkov, le peintre russe du cheval, textes de Natalia Chapochnikova et David Gouriévitch, tout en couleurs, 176 p.	40,90 €	SFr. 69,-
Atlas de l'imaginaire, Chérif Khaznadar et Françoise Grund, 208 p.	37,30 €	SFr. 64,-
Le Mythe de la Joconde, préfacé par Jack Lang, tout en couleurs, 128 p.	18,20 €	SFr. 30,-
Le Livre et le journal chez les peintres, Valentina Anker, préfacé par Jack Lang et Michel Tournier, tout en couleurs, 252 p.	29,70 €	SFr. 49,-
L'Orient d'un photographe, Lehnert et Landrock, 102 p.	42,60 €	SFr. 75,-

Caracole

Écrit pour l'âme des cavaliers, Catherine Paysan 130 p.	15,00 €	SFr. 25,80
L'équitation expliquée aux parents, Catherine Tourre-Malen 128 p.	14,60 €	SFr. 25,-
Jeanne d'Arc écuyère, Louis Champion, 252 p.	14,40 €	SFr. 24,-
L'art de dompter les chevaux, J.-S. Rarey, 144 p.	14,40 €	SFr. 24,-
Deux chevaux pour un cavalier, L. V. Evdokimov, 160 p.	12,90 €	SFr. 22,-
L'équitation pratique, J. Pellier fils, 184 p.	12,90 €	SFr. 22,-
Michel Kohlhaas ou l'honneur du cheval, Heinrich von Kleist, 160 p.	12,90 €	SFr. 22,-
Le cheval, comte de Buffon, extrait d'Histoire Naturelle, 144 p	12,90 €	SFr. 22,-
L'achat du cheval, Emile Gayot, 192 p.	14,40 €	SFr. 24,-
Kikkuli, le plus ancien traité d'équitation du monde, trad. Emilia Masson, 128 p.	14,40 €	SFr. 24,-
La hussarde, Nadejda Dourova, 192 p.	14,40 €	SFr. 24,-

Bestiaire divin, avec le Muséum National d'Histoire Naturelle

Le cheval, Jean-Louis Gouraud, 192 p.	14,60 €	SFr. 25,-
L'hippopotame, Association l'Hippopotame, 192 p.	14,60 €	SFr. 25,-
La fourmi, textes présentés par Jean Lhoste et Janine Casevitz, 192 p.	14,60 €	SFr. 25,-
Le rat, textes présentés par Michel Dansel, 192 p.	14,60 €	SFr. 25,-
Le chien, textes présentés par Michel Contart, 192 p.	14,60 €	SFr. 25,-
Le requin, textes présentés par Pascal Deynat, 192 p.	14,60 €	SFr. 25,-
La vache, textes présentés par Pascal Commère, 192 p.	14,60 €	SFr. 25,-
L'escargot, textes présentés par Louis Dubost, 192 p.	14,60 €	SFr. 25,-

Guide littéraire, coll. le Vagabond enchanté

L'Arménie, textes présentés par Myriam Gaume, 192 p.	14,60 €	SFr. 25,-
La Lybie, textes présentés par Moftah Missouri, 272 p.	14,60 €	SFr. 25,-
Le Sahara, textes présentés par Monique Vérité, 192 p.	14,60 €	SFr. 25,-
Venise, textes présentés par Jean-Luc Marret, 192 p.	14,60 €	SFr. 25,-
L'Himalaya, textes présentés par André Velter, 192 p.	14,60 €	SFr. 25,-
Istanbul, textes présentés par Gérard-Georges Lemaire, 192 p.	14,60 €	SFr. 25,-
La Corse, textes présentés par Jean-Eric Pieraggi, 192 p.	14,60 €	SFr. 25,-
Le Tibet, textes présentés par MMarie-Josée Lamothe, 192 p.	14,60 €	SFr. 25,-
Le Kurdistan, textes présentés par Chris Kutschera, 192 p.	14,60 €	SFr. 25,-
La Loire, textes présentés par Jean-Louis Delpal, 192 p.	14,60 €	SFr. 25,-

Les Planches : biographies

J.K. Rowling, le magicienne qui créa Harry Potter, Sean Smith, 286 p.	19,40 €	SFr. 30,-
Nicolas de Villegagnon ou l'utopie tropicale, Serge Elmalan, 308p.	23,50 €	SFr. 38,50
Jean Reno, arrêt sur images, Emmanuel Haymann, illustré, 160 p	14,90 €	SFr. 25,-
Martina Hingis, l'art, l'intelligence et l'élégance, Bernard Heimo, illustrées en couleurs, 160 p.	14,90 €	SFr. 25,-
Leonardo DiCaprio, Philippe Durant, illustrées en couleurs, 176 p.	14,60 €	SFr. 19,80
Will Smith, Philippe Durant, illustrées en couleurs, 96 p.	13,50 €	SFr. 25,-
Jennifer Aniston et Courteney Cox, les héroïnes de Friends, illustrées en couleurs, Philippe Durant, 96 p.	13,50 €	SFr. 25,-
Francis Cabrel : du poète engagé au chanteur troubadour, Pascale Spizzo-Clary, 224 p.	17,50 €	SFr. 28,70
John Travolta, la star ressuscitée, Philippe Durant, illustrées en couleurs, 208 p.	17,50 €	SFr. 28,70
Gérard Depardieu, 25 ans de cinéma, Michel Mahéo, illustrées en couleurs, 208 p.	18,10 €	SFr. 32,50
Alain Delon, splendeurs et mystères d'une superstar, Emmanuel Haymann, livre illustré, 284 p.	18,10 €	SFr. 32,50
Matt Damon, Philippe Durant, 144 p.	17,50 €	SFr. 28,70
Georges Clooney, Gil Archer, livre illustré, 208 p.	13,50 €	SFr. 28,70

Suisse

Et la radio créa la Suisse romande, Jacques Donzel, 240 p. Illustré		SFr. 29,00
Guide enluminé et illustré du Pays de Vaud, Luc Binet, 224 p.		SFr. 29,00
CHE, Guillaume Chenevière, 228 p.		SFr. 34,80
A fond la corbeille		SFr. 25,-
Histoire(s) d'en parler, Eric Jaquier et Manuela Salvi, 176 p.		SFr. 28,70
On n'apprivoise pas les Suisses, Nhung-Agustoni-Phan, 288 p.		SFr. 38,-
Au cœur de la Fête, Pierre-Alain Luginbuhl, 128 p.		SFr. 29,-
Jean-Pascal Delamuraz, Daniel Margot, 172 p.		SFr. 38,-
Suisses et juifs : Portraits et témoignages, Françoise Buffat et Sylvie Cohen, 242 p.		SFr. 28,70
Alémaniques et Romands, entre unité et discorde, Pierre du Bois, 192 p.		SFr. 28,70
Entretiens avec Edmond Kaiser, fondateur de Terre des Hommes, Ch. Gallaz, 152 p.	17,50 €	SFr. 28,70
Le CICR en question, entretiens entre Cornelio Sommaruga et Massimo Lorenzi, 176 p.	17,50 €	SFr. 28,70
Comment créer son entreprise, Chantal Rausis, préfacé par Stéphane Garelli, 306 p.		SFr. 28,70
Josef Zisyadis : c'est en marchant qu'on fait le chemin, entretiens avec Bruno Clément, 160 p.		SFr. 25,-
Les chansons de Gilles, préfacé par J.-P. Delamuraz, 276 p.		SFr. 59,-
Du Tableau noir aux petits écrans : l'information et l'éducation à l'ère du multimédia, René Duboux, 192 p.		SFr. 28,70
Masques pour un théâtre imaginaire, Werner Straub, 108 p.		SFr. 49,-
Pierre Lacotte Tradition, Jean-Pierre Pastori, 130 p.		SFr. 52,-
L'aumônier du barrage, chanoine Joseph Putallaz, 176 p.		SFr. 28,70
Commune de Bex, Jean-Bernard Desfayes, 132 p.		SFr. 45,-
Un petit bateau dans la tête : Roger Montandon, Laurent Antonoff, 160 p.	17,50 €	SFr. 28,70
Charles-Henri Favrod : la Mémoire du regard, entretiens avec Patrick Ferla, livre illustré, 272 p.	21,30 €	SFr. 35,-

Prix indicatifs et sujets à d'éventuelles modifications.

Éditions Favre

En Suisse : rue de Bourg 29, CH -1002 Lausanne

En France : 12, rue Duguay-Trouin, F -75006 Paris